手間なく7年で早期リタイアする
「米国株」高配当再投資法

ほったらかし

FIRE

著
パパ

SB Creative

プロローグ

忙しいあなたでも、手間なくFIREできる本!

今の生活を変えずに、ＦＩＲＥを達成する投資法はないか?

本書は、その問いへの答えの一つです。

「ＦＩＲＥへの憧れはある。でも、普段は一日中働いているから、投資に割いている時間なんかない……」

「それにプライベートだって大事。平日仕事終わりはゆったりしたいし、自己啓発のための時間でもある。土日だって、趣味に友達に家族にと忙しい。休みだからといって、投資に手間暇なんてかけられない……」

そんな四六時中、忙しい読者のために、**「月1回3分のチェック」だけで、あとは何もせず自動でＦＩＲＥを達成する方法**をお伝えするのが本書の目的です。

ＦＩＲＥ挫折の原因の9割は「手間が膨大にかかること」

申し遅れましたが、私の名前はゆうパパと言います。個人投資家で、**27歳のときにＦＩＲＥを目指して、7年後の34歳で達成しました。**ＦＩＲＥ達成から1年後にはヨーロッパへ移住して、現在はポルトガルでセミリタイア生活を送っています。

「好きなときに、好きな人と、好きな場所で、好きなことを、好きなだけできる人生」

そんな、あらゆることが自分で選べる「自由」がＦＩＲＥ最大の魅力です。私の場合は海外旅行が大好きで、いつでも行きたいところに行ける自由を満喫しています。

そして、「私のように米国株で配当生活を送る人を増やしたい」。そう思い、３年前からTwitterをはじめとするＳＮＳでＦＩＲＥについて発信を始め、現在総フォロワー数８万人。おかげさまで多くの方から支持いただけるようになりました。

そうして、多くの方々に注目していただけるようになると、コメントやダイレクトメッセージで相談を寄せられることも増えました。

そんな経験を経て思うのは、ＦＩＲＥに挫折してしまう多くの方の原因は、**「手間や時間が膨大にかかってしまうこと」**だということです。ＦＩＲＥは「経済的自立」および「将来の自由」を手にするためのものですが、実は達成するまでの間にはかなりの「不自由」が生じてしまいます。それがＦＩＲＥ達成を阻んでいるのです。

例えば、世の中には多くの投資法がありますが、株式投資、仮想通貨、ＦＸなど、基本的には投資対象銘柄を選択し、タイミングを見て売買することで利益を得るものです。こういった「買うときの値段と売るときの値段の差」が利益になる**「キャピタルゲイン狙いの投資」**は、一見リターンが大きく、一番FIREに近そうに思えます。

しかし、実際には多くの人が途中で挫折します。なぜなら、**頻繁に「株価」を見ないといけなくなる**からです。

この「株価のチェック」。それだけを聞くとたいしたことなさそうに見えますが、実際には手間と時間がかなり取られます。「いつ買ったら得をするか」「いつ売ったら損をしないか」、タイミングを見計らって売買する必要がありますので、お金を増やすためには頻繁に株価をチェックしないといけません。

もっと言うと、やったことがある方ならわかると思いますが、実際には**心配で心配で、チェックしないと気が済まなくなります**。負けるのが不安で、**一日に何十回、何百回と見てしまう**のが、人間の性なのです。これでは、もはや一日中、株価チャートに張り付いているのと何ら変わりません。

さらに、「キャピタルゲイン狙いの投資」をするということは、**「売買をする作業」**や**「毎日、評価額をチェックする作業」**、その上、市況に詳しくなるために**「毎日、**

経済ニュースを見る作業」など、結局、かなりの手間と時間が取られるのです。

専業投資家ならまだしも、ＦＩＲＥを目指す方のほとんどは、日中、仕事をしている忙しい方ばかりです。一日仕事をしているのに、株価チャートに張り付いているわけにもいきません。結果、途中で挫折するか、あるいはその手間を知って、トライする前に諦めてしまうケースが多いのです。

また、投資する金融商品によっては、夜中、あるいは３６５日マーケットが開いているものもあります。そうすると、**睡眠時間や大切な休日を削ってまでチャートに張り付き、結果、肉体的、心理的ストレスから体調を崩してしまいます。**このこともＦＩＲＥに挫折する要因になってきます。

「キャピタルゲイン狙いの投資」によってＦＩＲＥを目指すのは、忙しい現代人にとっては、得策とは言えないのです。

「だったら、『インデックス投資』なら手間がかからなくていいのでは？」と思う方もいるかもしれません。おっしゃる通りで、「手間がかからない」という点だけでは「インデックス投資」は最適です。しかし、インデックス投資の場合、その代わりにＦＩ

RE達成までの期間が長くかかってしまいます。

もちろん、数千万円単位の膨大な初期投資額がある人は別です。しかし、多くの方はそうではないはずで、実際には月数万円単位で投資をしていくのが通例でしょう。

詳しくは本編にて紹介しますが、例えば、「インデックス投資」の代表であるS&P500に投資したとしても、こういった現実的な金額での投資の場合、**FIRE達成までに12年かかってしまいます**。今28歳の方で、FIREするのが40歳。今38歳の方でしたら50歳。「手間がかからない」というメリットはあるものの、そもそもの「早くリタイアしたい」という気持ちを妥協する必要が出てきてしまうのです。

"月3分のチェック"だけでFIREできる「米国株」高配当再投資法

こう言うと、私自身、スムーズにFIREできたように思われるかもしれませんが、実は私も当初はまったくうまくいきませんでした。

私は投資を始めたころ、営業の仕事をしていました。日中は顧客回りをしますし、会社にいても会議やデスクワークをしなければなりません。しかし、仕事中でもどうしても気になってしまいます。

気になる……気になる……気になる……。

常に落ち着かない状態で、仕事が全然手につきません。たばこを吸わないのに喫煙室に行き、仕事の途中にも頻繁に株価を見てしまっていました。また、夜中でも心配で株価を見ていたら、結局、朝5時になるなんてことも。当然、体調も崩します。もはや**相場中毒**だったと思います。

そんな失敗を繰り返す中から、単に「短期間でＦＩＲＥできる」だけでなく、**〝ほったらかしで〟できる投資理論**を模索しました。そうしてでき上がったのが、本書の投資法である「**『米国株』高配当再投資法**」です。

私がこの投資を始めたのが27歳。それから7年後の34歳のときにＦＩＲＥを達成しました。ＦＩＲＥするまでの間、「株価のチェック」はもちろんのこと、「売買の作業」や「評価額のチェック」、「経済ニュースのチェック」など、ほとんどしていません。もちろん副業や過度な節約なども同様で、**やったことは「月1回3分のチェック」だけです。**

ちなみに、本書で言う「ＦＩＲＥ」は**「完全なFIRE」**です。なぜこのようなことを言うかというと、最近は「サイドＦＩＲＥ」のこともひっくるめて「ＦＩＲＥ」と言うケースが増えているからです。「サイドＦＩＲＥ」とは、生活費の半分は投資による収入で、残り半分は今の仕事、あるいはフリーランスとしての収入で賄うＦＩＲＥです。つまり、仕事を完全に辞めることはできません。

これに対して、本書の「米国株」高配当再投資法によるＦＩＲＥは、完全に仕事を辞めることができ、投資からの収入だけで暮らせるようになる、本来の意味でのＦＩＲＥです。あくまで、「完全な自由」を手に入れるための方法をお伝えしたいのです。

なぜ〝ほったらかし〟でも、7年でFIREできるのか？

では、なぜ「米国株」高配当再投資法なら短期間で、しかも〝ほったらかし〟でFIREできるのか。その詳細は第2章に譲りますが、まず**一つは「配当投資」**である点にあります。

「配当投資」における収益は、先ほどの「キャピタルゲイン狙いの投資」にて触れた「株価の差による儲け」ではありません。**株を保有するだけで〝自動的に〟あなたの口座に振り込まれる「配当金」が投資の収益になります。**

買ったり売ったりする必要がないわけですから、「株価のチェック」からあなたを解放します。また、同時に発生してしまっていた「売買をする作業」や「毎日、評価額をチェックする作業」、「毎日、経済ニュースを見る作業」なども、極端な話ですがすべて必要なくなります。

一度、株を保有したら、あとは毎月勝手に配当金が振り込まれるしくみです。あなたは他に何もする必要はありません。

「でも、配当金って言ってもわずかでしょ?」と思われるかもしれません。そこでポイントとなるのが**「米国株」**と**「(配当の)再投資」**です。

ご存じの通り、米国は世界1位の経済大国です。「失われた30年」と言われている日本と違い、こうしている今も成長し続けています。その中において、「高配当」を出す企業がごまんといるのです。しかも、連続高配当・増配年数の長さおよび層の厚さが圧倒的で、**連続増配50年以上が21社、連続増配25年以上50年未満が43社もある**のです。ちなみに、日本で連続増配が25年以上続いている企業は花王ただ1社だけです。

そして、その高い配当金を「再投資」する、というのがポイントです。毎月の投資額に加えて、入ってきた配当金をさらにその高配当株に投資するので、**配当金が雪だるま式に膨れ上がっていきます。**

ちなみに、「月1回3分のチェック」というのはこの「再投資」の作業です。ここだけ手動で行う必要があるのですが、これも毎月口座に入る配当金を同じ銘柄に投資するだけなので、1回3分で完了します。

「配当投資」によりあらゆる手間からあなたを解放し、「米国株」と「再投資」によってFIRE達成に必要な資金も十分に貯まっていきます。ですから、先ほどの「インデックス投資」のように、「手間はかからないけど、FIREまでの期間は長い」という問題も解消した投資法になっています。

一度しくみを作ってしまったら、あとは〝ほったらかし〟。そのまま7年待つだけでFIRE達成できるのです。

「しくみ作り」すらも5分でできる

そして、**その「しくみ」を作ることすらも拍子抜けするほど簡単です。**口座を開いて、決められた銘柄を買い、その時に毎月の投資額を、給与から自動で投資されるよう設定するだけ。ですから、**初期設定も5分もあればできます。**

5分で「しくみ」を作り、あとは7年間「月1回3分のチェック」をするだけでOKです。〝ほったらかし〟のまま7年後にFIRE達成です。

そもそもの株価チャートを見る必要すらなくなりますので、高度な投資テクニックもいりませんし、英語力もまったく必要ありません。

「年収の低い自分にはできないんじゃないか」と思う方もいるかもしれませんが、私自身が年収400万円でFIREを達成していますから、心配しなくて大丈夫です。

また、「でも、投資額を増やすために、副業をしたり、過度な節約をしたりする必要があるのでは」と思う方もいるかもしれませんが、その点も心配ありません。日本の平均的な年収の方でも、そういったことをせずにできる投資法になっています。

最後に、本書の目次を紹介しましょう。

第1章「FIREを目指すのが『絶対に正しい』これだけの理由」ではまず、FIREが日本でも浸透しつつあること、そしてFIREをすることのメリットを紹介することで、その魅力をお伝えしていきます。「ＦＩＲＥの魅力はもうわかってるよ」という方は、飛ばして第2章に行っていただいても大丈夫です。

第2章では、なぜ「米国株」高配当再投資法なら〝ほったらかし〟でもＦＩＲＥできるのか、その理由をより詳しく紹介していきます。

続く第3章では、「米国株」高配当再投資法の具体的なやり方を、第4章ではその応用編として皆さんの個々のニーズに合わせた「米国株」高配当再投資法のバリエーションをご用意しました。

また、本書の投資法はお伝えした通り、過度な節約を必要とせず、それでも7年でＦＩＲＥが達成できます。しかし、もしもあなたが7年よりもさらに早く達成したいのであれば、「適度な支出管理」はＦＩＲＥを加速させます。最後の第5章ではそのような方のために、ちょっとした見直しをするだけで、投資に回せるお金をさらに捻出できる「支出管理の方法」をお伝えします。

お伝えした通り、ＦＩＲＥには達成するまでの過程にかなりの「不自由」があります。

ＦＩＲＥという生き方が日本にも浸透し、目指す人が増えたのはうれしいことですが、だからと言って今の仕事やプライベートを犠牲にするのは本末転倒です。**「将来の自由」を獲得しながら、「今の自由」すらも犠牲にすべきではない。**そう私は思っています。

これまでＳＮＳでは「ＦＩＲＥの啓蒙」を中心に発信してきたため、実は「米国株」高配当再投資法の具体的なやり方はほとんど発信してきませんでした。今回、この本を書くにあたって初めて体系的にまとめました。

FIREを目指しながらも、「今やりたいこと」も思いっきり楽しむ。そんな方が増えてくれたらこんなにうれしいことはありません。

CONTENTS

ほったらかし投資FIRE

プロローグ

PART 1

ＦＩＲＥを目指すのが「絶対に正しい」これだけの理由

PART 2

なぜ〝ほったらかし〟でもＦＩＲＥできるのか？

PART 3

〝ほったらかし〟のままFIREする「米国株」高配当再投資法

PART 4

ほったらかし投資FIRE 応用編

PART 5

やらなくてもＦＩＲＥできるけど……

「ＦＩＲＥを加速させるもの」としての支出管理

PART

1

FIREを目指すのが「絶対に正しい」これだけの理由

日本でもFIREはもはやメインストリーム！

〝年収1000万円もらうよりも、配当生活で1日の自由時間が16時間ある生活のほうが幸福度が圧倒的に高いと思う〟

先日、自身のTwitterでこのようなツイートをした際、**予想を超える凄まじい反響があり、広く拡散されました。** FIREを達成した自身の経験をSNSで発信してきましたが、後にも先にもここまでの反響があったツイートはありませんでした。このような多くの人からの反響があることそのものが、日本でもFIREを目指す人が増えていることの証でしょう。

2020年に34歳でFIREを実現した私はTwitterやVoicyなどを通じて、自分のＦＩＲＥに対する考え方を発信してきました。それに対する反応が、**特に２０２１年の夏くらいから激増している**と感じています。

「自分もＦＩＲＥを目指しているので、いつも興味深く読ませていただいています」というダイレクトメッセージをいただいたり、「ゆうパパさんの発信でＦＩＲＥという生き方を知り、関心を持つようになりました」というコメントをいただいたり。年々と私への相談件数が増えていることからも、ＦＩＲＥという生き方が一過性のブームではなく、徐々に日本でも一つの生き方として確立しつつある段階にあると思います。

では、実際にどのくらいの方々がＦＩＲＥをしたいと思っているのでしょうか。先日、Twitterで以下のようなアンケートを実施しました。

〝あなたには1億円の資産があり、年間の配当金４００万円を得られるようになりました。

あなたはアーリーリタイアしたいですか？　するとしたら何歳ごろにしたいですか？

理由もあれば教えてください〞

資産1億円、年間配当400万円。つまり、「いつでも仕事が辞められる状況」ということです。

まず、このアンケートそのものが反響を呼び、**3300件以上もの投票**をいただきました。

そして、結果は、**4分の3の人が「リタイアしたい」**という回答。アーリーリタイアしたい理由としては**「やりたいことがある」「生活のための仕事でなく、自分の好きな仕事をしたい」**という回答が多く、リタイアする時期としては**「今すぐにでも」**が最多でした。

この結果を見て、いただいたダイレクトメッセージやコメントから、「FIREに共感を寄せる人が増えているのでは？」という私の推察が現実のものだったことを確認できたのです。

FIREが日本にも知られるようになった当初は、まだまだ「FIREってアメリカのものでしょ?」「日本人には関係ないよね?」と思われがちで、実際にFIREに共感する人は、新しいものに敏感なアーリーアダプターの方だけでした。

しかし、徐々にFIREに対する誤解は解けていき、もはやメインストリームになりつつあると思うのです。

FIREに共感する人が増えている理由

では、なぜ日本でもこんなにFIREを目指す人が増えているのでしょうか。私は以下、3つの理由があると考えています。

理由① 多くの人が今の生活に「息苦しさ」を感じている

理由② 「働くこと＝美徳」ではなくなった

理由①「息苦しさ」多くの人が今の生活にを感じている

1つ目の理由は、「現在の生活への不満」、特に「お金の面での不満」を抱えている人が増えてきているということです。

内閣府による「国民生活に関する世論調査」（令和3年）によれば、「現在の生活にどの程度満足しているか」という内容の質問に対して、「やや不満だ・不満だ」と答えた人の割合は44・3％。しかも、**「所得・収入」の面では59・7％、「資産・貯蓄」の面では66・6％**と、特にお金の面に関しては、「やや不満だ・不満だ」が「満足している・まあ満足している」を大きく上回る結果となっています。

では、そこから3年前の平成30年はどうだったかというと、生活全般に対して「やや不満だ・不満だ」と答えた人は24・3％に過ぎず、「所得・収入」に対して不満を感じている人は46・4％、「資産・貯蓄」に対して不満を感じている人は52・2％でした。

やはり、年々と人々の「現在の生活への不満」が増しているのが見て取れます。

では、なぜ不満を抱える人が増えているのでしょうか。私はその根底には、「将来年金がどうなるかわからない」ことと併せて、定年年齢が延びていって**「一生働かなければならないんじゃないか」という不安**があるのではないかと思っています。

ご存じの通り、日本は急激に少子高齢化が進み、最近では「将来的には年金支給開始年齢は70歳になる」や「下手したら75歳になる」などという話題も出てきました。もっと言うと、今の現役世代が高齢者になったときに年金自体、もらえるかどうかも不透明です。

さらに拍車をかけるように、**「実は老後の必要資金は2000万円でなく3000万円必要」**という話も出てきています。実は2000万円というのは比較的健康に天寿を全うすると仮定した場合に必要な最低金額。高齢になって体が弱ったり一人暮らしが難しくなったりした場合を想定したものではなく、安心できる金額としては「実は、3000万円必要なのでは?」と言われています。

しかし、将来のお金が不確実になる一方で、私たちの平均寿命はどんどん延びています。また、「労働年齢の上限の引き上げ」などにより再雇用年齢が70歳までになりました。今後は80歳まで、もっと言うと100歳まで働き続けなければならないのではないか。こんな将来のお金に関する漠然とした不安が、人々をFIREへと駆り立てている一つの理由なのではないかと思います。

理由② 「働くこと=美徳」ではなくなった

このように社会が変化したのとともに、今の現役世代の意識が変わっていることも、FIREを目指す人が増えている要因だと思います。

高度経済成長期やバブル期にすでに社会人だった人にとっては、働けばその分だけ昇進・昇格、そして給料やボーナスアップという見返りがありました。バブル期などはボーナスが札束で支給され、「机の上に立った」などという話もよく聞きます。働くだけリターンがあり、その分、仕事にやりがいを感じることができたのではないでしょうか。

今の50代以降の方のお話を伺うと、頑張って働けばたくさんの収入が得られ、そのお金を使って楽しい思いができる。だからこそ、「働くこと＝美徳」という考えを持っている人が多く、定年まで会社で勤め上げることこそが、幸せのロールモデルでした。

一方、私たちの世代はどうでしょうか。かつての終身雇用では年齢さえ重ねれば、自動的に昇進や昇給が待っていましたが、今はそうではありません。私の場合は、会社員時代の上司だった係長が、ランチに一番安いハンバーガーとコーヒーだけで済ませ、さらに「小遣いが1万円減った」と嘆いているのを見て、「働く」ことへの疑問を感じ始めました。

「働く」の先に幸せが約束されない時代を生きている私たちにとっては、当然、「働くことこそ、美しい」という考えは薄れ、「定年まで会社で勤め上げるのが当たり前」

という考えもなくなってきます。

実際に、私のＳＮＳにＤＭをくださる方々の話を伺っていると、これまでの「仕事だけ」の考え方から、仕事を含めた、趣味、家族、プライベートなど、人生の**「トータルライフキャリア」**をよくしたいと考える人が増えていると感じています。あくまで仕事は、人生の一部。仕事だけが人生ではない。**自分の人生全般を、自分が最も幸せだと感じる形にデザインする考え方**です。

いずれにせよ、「仕事」に対する比重は薄れますので、やはりこれもＦＩＲＥを後押ししている要因だと考えています。

そもそも、**「働くこと＝労働」とは限りません。本来、お金を得る方法には２つあります。**一つが皆さんが想像する自らの「労働」によって対価を得る「労働市場」。もう一つが、投資によって対価を得る「金融市場」です。

「働くこと」がすなわち「お金を得ること」なのだとすると、金融市場でお金を得る

図表1 「働く＝労働」とは限らない

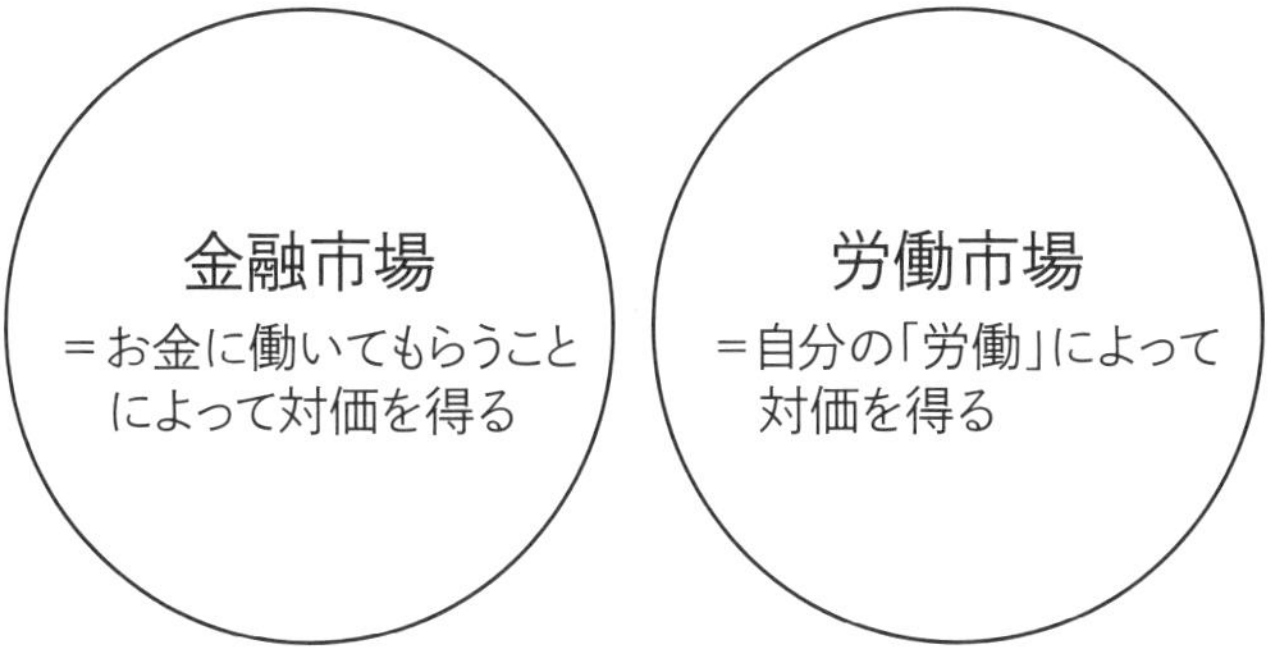

のも、立派な「働く」です。これは、これまで「働く＝労働」の考えが強かった日本では、なかなか受け入れられない話でしたが、時代が進むにつれだんだんと人々の考えが柔軟になり、今の現役世代はこのように合理的な考え方をする人が増えてきているように思います。

先ほど述べたように「働く」の先に必ずしも幸せが待っていないことに加えて、このようにそもそもの「働くこと」への認識が変わっていることも、ＦＩＲＥを目指す人が増えている要因ではないでしょうか。

理由③「ＦＩＲＥへの誤解」が解けてきた

こういった理由からＦＩＲＥを目指す人が増えてきたわけですが、ＦＩＲＥはこれまで間違ったイメージが先行していて、それがＦＩＲＥが日本に浸透するのを阻んでいました。

これまではＦＩＲＥと言うと、高級車を乗り回したり、いわゆる「億ション」と呼ばれるタワーマンションに住んだりしている「高級志向の人」のもの、あるいは現実と折り合いをうまくつけられない人が「現実逃避」のために選ぶもの、というイメージがありました。

ＦＩＲＥという言葉は、Financial Independence, Retire Early。「経済的自立」と「早期リタイア」を掛け合わせた言葉で、欧米の20代・30代を中心に「会社に依存せずに経済的自由を得て、好きに生きよう」という思想から生まれたムーブメントです。

そしてお金持ちじゃないとなれないとか、現実逃避のための都合のいい選択肢でもありません。ＦＩＲＥは誰でも目指すことができるし、実現することが可能なものなのです。近年では、この誤解が解けてきたことが、日本におけるＦＩＲＥの浸透を後押ししているように思います。

実際、ＦＩＲＥしていたり、ゆくゆくはＦＩＲＥしたいと思って準備している人にとっての強い動機は異なっています。彼らは「お金」を、「高い買い物をするため」

でなく、「現実から逃げるため」でもなく、**「本当に好きなことをするための自由」を得るため**に使うと決めた人たちなのです。ですから、決して、高級品などにお金を散財したりはしませんし、**むしろ現状に疑問を持ち、自分の人生を真剣に考えた結論が、FIREという生き方だった**ということです。

私自身FIREをしましたが、だからと言って「サラリーマンを続けたくない」と思ったわけではありません。私自身は比較的順応性が高く、他の人ともうまくやれるほうですし、その場その場で楽しみを見つけることができるタイプの人間です。おそらく、会社でも普通にやっていけました。

しかし、「自分にとっての幸せって何だろう」と、自分の人生と真剣に向き合った結果、お金を高い買い物に使うのではなく、「自分が本当にやりたいことをやるための自由」を得るために使うと決めました。

FIREを目指す人こそが、本当に自分の人生を考えている人。こういったFIREの本来の姿が、知られるようになってきたことが、近年、さらにFIREを目指す人が増えてきている要因だと考えています。

FIREのメリットを挙げてみた！

さて、ここまで、日本でも多くの人がFIREという生き方に共感を示していること、そして、それはなぜなのかをお伝えしてきました。本章では最後に「FIREをすることのメリット」をお伝えしていきたいと思います。

ここでお伝えしたいのは、**FIREをすることのメリットは「金銭的な不安がなくなる」ということだけにとどまらず、それ以外にも数多くのメリットが享受できる**ということです。

結論から先にお伝えすると、私はFIREのメリットには以下の8つがあると考えています。

メリット① 金銭的な不安がなくなる

メリット② 時間に縛られない

メリット③ 人間関係に縛られない

メリット④ 場所に縛られない

メリット⑤ 仕事に縛られない

メリット⑥ 選択肢が増える

メリット⑦ 時間があるからこそ、別収入が作れる

メリット⑧ 入ってくる情報の質が高まる

メリット① 金銭的な不安がなくなる

まず1つ目のメリットは、当然、「金銭的な不安がなくなる」という点です。

私自身、FIREして以来、毎月一定の金額が自動で入ってきています。何よりも

「自分の資産が生活費を生み出してくれる」という安心感は、とてつもなく大きなものです。

私の実家は経済的に困ってはいませんでしたが、取り立ててお金があったわけでもありませんでした。たまにお金持ちの家の友達に会うと、お金持ち独特の余裕みたいなものを感じていました。一緒にいると自分の気持ちにも余裕が生まれて気持ちよくなれるのです。

それは代々培われた「お金があることの安心感」からきていたのかと、今、改めて思っています。よく「金持ち、けんかせず」と言いますよね。お金のある人は気持ちに余裕があるから、人間関係がギスギスしないしケンカにもならない、という意味ですが、真実を突いた言葉だなと思います。

そして、**さらに私が安心していられるのは、選んだ運用方法にも要因があると思います。**というのも、私が選択した資産運用の方法だと資産が生んでくれる生活費が減る可能性が極めて低いのです。それが配当投資です。

プロローグで紹介したように、あくまで毎月自動で振り込まれる配当を収益とし、株の値動きには左右されづらいものですので、配当投資は心理的にも安定します。毎月、安定した収益が見込めるのです。

一方で、一般的によく紹介されているＦＩＲＥの資産運用の方法、つまり「キャピタルゲインによる投資」や「インデックス投資」の場合は、**「4％ルール」**という考え方に基づいて、自分の生活費に充てていきます。

「4％ルール」はご存じの方も多いかもしれませんが、「年間の生活費の25年分の資産を貯めてＦＩＲＥをし、ＦＩＲＥ後は毎年資産の4％を取り崩して生活費に充て、同時にその資産を年4％で運用していくことで、資産を減らすことなく生活できる」というものです。

例えば、生活費が月25万円だと年間300万円必要です。ＦＩＲＥを達成するには、300万円×25年＝7500万円の資産が必要になります。そして、ＦＩＲＥ後の生活では、7500万円を年4％（年300万円の利益）で運用できれば、資産を目減りさせることなく「理論上」ではいつまでも運用収益で暮らせることになります。

しかし、これはあくまで「理論上」です。そもそも、その投資している資産は、必ずしも4％ずつ増えていくとは限りません。4％以下の年が何年も続けば、生活費の原資である資産は減っていきます。株価によって、生活費の原資となる資産が増えたり、減ったりするのですから、当然、心理的にも安定はしません。

真に「金銭的な不安がなくなる」状態になるためには、やはり配当投資によるＦＩＲＥがベストなのです。

メリット② 時間に縛られない

一番強く感じるメリットが、この「時間に縛られなくて済む」ということかもしれません。生活の原資が「労働」だと、否応なく時間に縛られてしまいますよね。会社勤めでなく自営業やフリーランスだとしても、必ず時間の制約はついて回ります。それがなくなるのが「完全ＦＩＲＥ」の状態です。

眠かったら好きなだけ眠れるし、やりたいことに思う存分、時間を使うことができ

ます。

私には妻と小学生の子ども2人がいるのですが、2022年の夏は家族で3週間ほどスペインに滞在しました。モロッコの西側にあるカナリア諸島というところで、「スペインのハワイ」と呼ばれるほど気候がよく人気のある場所です。

常夏ならぬ「常春」と呼ばれていると聞きましたが、さすがに8月は暑かったです。アジア人はほとんどいなくて、多くがイギリスやオランダ、スウェーデンなどヨーロッパから来た人ばかりでした。特にイギリスの人たちからの人気が高いらしく、年間1000万人訪れる観光客のうち、半分の500万人がイギリス人だそうです。家族でのんびりと過ごせて、最高に幸せでした。

FIREする前は家族で旅行をしようにも、私の仕事のスケジュールがなかなか調整できませんでした。**今は私のスケジュールがいかようにも調整できるので、家族の時間をたくさん持てるようになっています。**

上の子どもは日本の小学校で言えば高学年、下の子どもは中学年です。今は親の行くところについてきてくれますが、子どもの成長は早いのであっという間に自分の世界を持つようになり、そうそう親に付き合ってはくれなくなるでしょう。

子どもが親を頼りにしてくれる「今」という時間は二度と取り戻すことができない貴重な時間です。その大切な家族の時間をたくさん持てるというのは、本当に幸せなことだと思います。

思うに**人間には本能的に「何かをコントロールしたい欲求」みたいなものが備わっているの**ではないでしょうか。FIREして以来、必然的にお金も時間も自分でコントロールできるようになったわけですが、そのことで「自分はこんなこともできるんだ！」と自己肯定感が上がったのを実感しています。

メリット③

人間関係に縛られない

現在の私は、好きな人、気の合う人とだけ一緒にいることができます。これ、すごいことだと思いませんか？

実は私、人間関係で苦しんだ経験がほとんどありません。周りの人には本当に恵まれてきたと思います。一方で、「仕事がイヤでたまらない」という人の場合、ほとんどが職場の人間関係に悩まされていると聞いたことがあります。よく「人」という字は誰かと誰かが支え合っている姿を表しているとか、人と人の間で生きるから「人間」だ、などと言われます。それだけ誰にとっても人間関係は切り離すことができないものだということでしょう。

仕事に行くのが憂鬱になる人間関係がなかったというのは本当に幸せだったと思いますが、それでも今、この状態になってみると「あれ？　もしかしてあの人に時間を奪われていたのかな？」と思うことがあります。

自分の話ばかり一方的にする人とか、何かと言うと人に相談ばかりしてきて、一向に自分で解決しようとしない人とか……。別に付き合うのがイヤとか、すごく嫌いとかではないけれども、実はこの人と関わらないほうが自分の人生にはプラスになるな、と思える人っていますよね？

イヤな人、嫌いな人なら明確に線を引いて距離が置けるけれども、イヤじゃないし嫌いじゃないし、いつも何となくそばにいるけど何となく付き合いづらいなと感じていた人との関わりが、実は煩わしかったのだと今になって思います。

そういう人との関係ってどうしていいかわからないですし、意外とこっちが気を使ったり時間を使ったりしてストレスになっているケースがあるんですよね。

そんな人間関係から解放されたというのは、すごく大きなことだったなと感じます。

メリット④ 場所に縛られない

これもＦＩＲＥの大きなメリットです。**マーケットにアクセスすることができさえすれば、世界中、好きな場所に移動が可能になります。**

私の場合、子どもたちに英語を習得する環境を与えたいという思いがあったので、海外移住は最初から視野に入っていました。かつ、以前から夫婦で「いつかヨーロッパに住みたいね」と話していたので、実際に移住しようということになったのです。

ポルトガルは実は、国連でも「イングリッシュハイ」と呼ばれる、高いレベルで英語が話せる国の一つに入っているのです。ヨーロッパで、かつ子どもの英語教育にも最適な国。これが決め手でした。

ポルトガルに住むようになって、日々、「ここを選んだのは大正解だった」と思っています。海産物はおいしいし、物価もヨーロッパの中ではかなり安いほうだと思います。

治安のよさも思っていた以上でした。日本も治安がいいことで有名ですが、ポルトガルは世界平和度指数で日本以上の評価を得ています。夜中に女性が一人で歩いても全然怖くありません。国民性もすごくよくて、みんな親切にしてくれます。

ポルトガルにいつまで住むか、現段階では決めていません。子どもたちが日本に戻りたいと言ったら戻ってもいいと思っています。ＦＩＲＥは「場所に縛られない」からこそ、こういったことも、自分の好きなように決められるのです。

メリット⑤ 仕事に縛られない

今、定職には就いていないのですが、SNSでFIRE生活や投資についての発信をしていることもあり、いろんな仕事のご依頼をダイレクトメールを通じていただくことが多くなっています。

Twitter でFXの宣伝をしてくださいとか、仮想通貨についてこんなことを発信してもらえませんかとか、Kindle で出版しませんかとか、いろいろあります。基本的にそういうものはすべてお断りしています。

トータルすると9割くらいはスルーさせていただいているのですが、それでも自分の生活に影響が出ることはありません。**本当にやりたいことだけを厳選してお受けできる立場になれたのはすごいことだな、と感じます。**

本書の出版も含めて、私がご依頼をお受けしたのはほんの数点だけです。一つは、アートの購入ができる会社のスタートアップの仕事。もう一つは企業情報の仕事で、その会社で働いている人の年収がわかったり、中にいる人のリアルな声が聞けたりする会社のスタートアップに携わりました。

その他、ポルトガルでのコロナの現状を聞きたいと、日本の大手テレビ局から取材依頼があったのでお受けしました。これくらいです。

いずれにせよ、**全部「お金のため」ではなく、自分の興味とか関心のあることだけをお引き受けしているわけです。**

生活のための仕事だったら、基本的にはお声がけがあったらありがたくお受けする、という立場にならざるを得ないですよね。「この仕事はあまりやりたくないけど、その次があるかもしれないし」とか考えてしまうと、なかなか断れないでしょう。

でも、自分の資産が生活費の原資となり、仕事をする必要のないＦＩＲＥの状況だったら、本当にやりたい仕事だけを選べる自由があります。これこそがＦＩＲＥの特権でしょう。

メリット⑥

選択肢が増える

これもＦＩＲＥの大きな醍醐味です。

私は仕事を辞める道を選びましたが、やりたければ続ける道もあります。あるいはあまり時間を取られない形でスポット的にやるのもアリですし、本当にやってみたかった仕事を始めるのもいいでしょう。あるいはアイドリング期間のような感じで、ちょっとした休息期間を設けるのもいいと思います。

基本的な生活費は自分の資産が原資になって入ってくるのですから、何をどうしようと自由です。

私の場合は、**お金の使い方に関してが、最も「選択肢が増えたな」と実感します。**子どものやりたいことや、家族一緒の体験に対してお金を使ってあげられるようになったのが一番うれしいです。

私自身、旅行が大好きなので、子どもたちにできる限り世界中のいろんな場所に連れていってあげたいという思いがあります。百聞は一見に如かず、ということわざがありますが、その通りだと思うのです。

インターネットでいくらでも情報が取れる時代ではありますが、やはりその場所に行き、風景やその場所の温度や湿度、におい、そこを行き交う人たちの様子などを五感を使って感じることで、初めて理解できることは多いのではないでしょうか。そうした経験の一つ一つが人生を豊かに彩ってくれるのだと思うのです。

2022年の夏休みは家族でスペインのカナリア諸島に行ったというお話を先ほどしましたが、現地で子どもたちがサーフィンをしてみたいというので、スクールに入れてサーフィン初体験をさせました。波に乗る体験はとてもスリリングだったようで、子どもたちは「またやりたい!」と今から言っています。お金があるからこそさせてあげられることです。

選択肢は多ければ多いほどいいというのは、誰もが知っていることです。でも、多くの人は選択肢を多く持っている人のことを見はしても、自分自身が「選択肢の多い人」になれるとは思っていません。

でもそれは大きな誤解です。あなたが**「選択肢の多い人になる道」**を選択し、必要なことを粛々とやっていけば必ず実現します。

メリット⑦ 時間があるからこそ、別収入が作れる

FIRE後は時間がたっぷりあるので、いくらでもマネタイズの構想に時間がかけられます。

FIREして仕事を辞めることができ、お金の心配がなくなったのに別収入の道を模索するというのは矛盾しているようですが、**時間とお金の余裕があるからこそ、「こんなことをしてみたらどうだろう?」というアイデアがどんどん湧いてくるようになりました。**

自分でブログを作るのもいいですし、他の人のプロジェクトにジョインしてそこで

収入を得ることもできます。

例えば、ＳＮＳで集客をして自分たちのビジネスの売上を立てるというのは、今、とてもメジャーな方法になってきていますが、これをサラリーマンをしながらやろうとするとすごく大変ですよね。YouTubeなどは撮影はともかくとして、編集にとても時間がかかってしまいます。時間に制限のある人にはなかなか手が出しにくいでしょう。

その点、ＦＩＲＥ後は時間が自由に使えるので、腰をすえて取り組むことができます。金銭的にも余裕があるので、すぐに収入にはつながらない作業を積み上げることも可能です。花火のように打ち上げられてすぐに消えてしまうようなコンテンツではなく、長い収入につながるものはじっくり構想を練った上に成り立つのではないでしょうか。

人は成功を期待する生き物です。実際には成功しない確率のほうがずっと高いのに、ブログもYouTubeも、始めればうまくいくと考えてしまうのです。その期待のはしごを外されたと感じた途端、「もう続けられない」とやめてしまいます。切羽詰まっている人ほどそうなりやすいですね。「こんなに時間もお金もない中で頑張ったのに」

という気持ちが先走って、大きな挫折感を味わってしまうのです。

しかし、時間の面でも金銭的な面でも自分に余裕があれば、始めてしばらくの間はお金にならなくてもいいか、という感覚で取り組むことができます。結果としてそれが思わぬ形で収入につながったという人も少なくありません。

メリット⑧ 入ってくる情報の質が高まる

自分がFIREをしてからというもの、同じくFIREをした方々や起業家の方々とのお付き合いが生まれました。何に驚いたかというと、その方たちが持っている「情報の質の高さ」です。すごく**質の高い一次情報**が飛び交う世界がそこには広がっていたのです。

「あのファンドの会社の人が、○○という企業に出資したよ」などと株式につながる情報はしょっちゅう入ってきます。また、以前、太陽光発電で成功し、リタイアした方にお会いしたことがあります。太陽光がそれほど利益の出るものとは知らなかったのでいろいろお話を伺ったのですが、月に90万円の利益を生むと知り驚きました。

最近お会いしたのは、Airbnbで大きな利益を上げているというポルトガルの方でした。その人がやっているのは予約受付だけ。清掃などの作業は全部外部の業者さんに委託しているのでほとんど手間がかからないそうです。

私はそれほど英語ができるわけではないので、このポルトガルで積極的に交友関係を広げようとしてはいないのですが、ヨーロッパや中東にいる日本の方が連絡をしてきてくれます。

2022年に入ってから多いのは、Web3.0と言われている領域の情報です。メタバースや仮想通貨、ブロックチェーンテクノロジーなどを指して言われますが、現在のところポルトガルでは仮想通貨の利益に対して税金がかかっていません。

それもあってか、リスボンがWeb3.0関連スタートアップの地としてとても人気になっているんです。そういう起業家の方がよく訪ねてくれますね。

FIREを達成できた人たちは、経済的に自立した人たちです。そうした方々は情報をキャッチするのがうまく、**自分に余裕があるからなのか、こちらにも惜しみなく分け与えてくれます。**ビジネスチャンスにつながるからというだけでなく、人としての在り方みたいなものも学ばせていただいています。

この8つがFIREのメリットです。どうだったでしょうか。FIREへの誤解が解けて、FIREを目指す人が少しでも増えてくれたら、こんなにもうれしいことはありません。

PART

2

なぜ〝ほったらかし〟でもFIREできるのか？

投資の多くは「手間と時間が取られる」ものばかり

第1章では、なぜ今FIREを目指すべきなのか、その理由についてお話ししました。第2章では、なぜ「米国株」高配当再投資法なら〝ほったらかし〟でFIREできるのか、詳しく解説していきます。

プロローグでもお話ししたように、「手間がかかる」「時間が取られる」というのは、FIREの達成を阻む大きな原因です。FIRE達成のためには、ある程度の年数、投資を継続する必要がありますが、日々の仕事やプライベートで忙しい中、そういった「手間や時間がかかる」投資をやってしまうと、続けることができず、結局、途中でFIREを挫折することになってしまうのです。

そこで、本書では「米国株」高配当再投資法を勧めていますが、当然、私も最初からこの投資法をしていたわけではありません。それまでにもさまざまな投資法を試して、失敗に失敗を重ねてこの投資法に至っています。

「米国株」高配当再投資法より以前にやった投資法は、どれもとても多くの手間と時間が取られる上、気の休まる間もありませんでした。その反省から、私は「ほったらかし投資」でＦＩＲＥできる手法を模索するようになったのです。

なぜ「米国株」高配当再投資法に至ったのか、私が実践して「これはとてもやれない」と思った投資法について、反面教師的な意味でご紹介していきましょう。

①株式投資

投資と言えば、まず「株式投資」が思い浮かぶのではないでしょうか。株価が安いときに買って、高いときに売る。それによる差益が儲けになる。最もオーソドックスな投資です。

この方法は、これからグングン成長していく銘柄をうまく見つけることができれば、株価が10倍20倍、あるいはそれ以上になる可能性があります。

今、日本を代表する会社となっているユニクロを展開しているファーストリテイリングも、最安値1050円（1998年6月）だったのが、最高値11万5000円（2021年3月）と単純に株価を比較しただけで約105倍になっています。さらにファーストリテイリングはこの間、2回の株式分割をしています。

株式分割とは平たく言うと、株価が高くなりすぎたなどの場合、価格を下げるために1株を2株や3株に分けるしくみです。株主にとっては持っている株が増えることになります。このしくみのおかげで、最安値でファーストリテイリングの最低単位株100株を購入した人が最高値で売却した場合、約420倍になりました。

たしかにすごいです。**でも、現実問題として、今後伸びる企業を見極め、さらにその株価が安い時期を見極めて買うためには、じっくりマーケットに張り付いて、さまざまな株を終始見ている必要があります。**

そして、**それ以上に難しいのが売却のタイミングです。**人間には欲があるので、株価が高くなってくると「もっと上がるのではないか」「今、売ってしまったらもったいないんじゃないか」という心理が働き、手放せなくなってしまうのです。

そうです。**購入にせよ、売却にせよ、じっと株価チャートに張り付いているくらいでないと、儲かるタイミングを見計らうことなど至難の業なのです。**

投資歴が何十年もあって、投資自体を本業としている専業投資家の方なら株価チャートに張り付いていることは可能です。

しかし、FIREを目指す皆さんの多くは、今時点ではおそらく何かしらの仕事をしている方々がほとんどでしょう。私自身、もともとは会社員で、一日仕事をしている人間でした。とてもではないですが、普段は忙しくてチャートなど見ている暇はありません。

「とは言っても、平日の仕事前や仕事後、あるいは仕事のない休日にやればいいのでは？」と思ったでしょうか。**しかし、株式投資の「取引時間」というのは、「いつでも」というわけではありません。マーケットごとに「取引時間」が決まっています。**

例えば、**日本株のマーケットの代表である東京証券取引所の場合、取引時間は平日、月曜日～金曜日の9時～11時30分と12時30分～15時（図表2）**。開いているのは平日の午前と午後を合わせた計5時間で、土日祝日や年末年始は休みのため実際の取引ができません。

そう、**まさに皆さんが日中、仕事をしている時間と丸かぶり**なのです。図表2にある通り、日本のその他のマーケットも多少の時間の前後はありますが、ほぼ同じです。

図表2　日本のマーケットの取引時間

証券所	前場	後場
東京証券取引所	9:00〜11:30	12:30〜15:00
名古屋証券取引所	9:00〜11:30	12:30〜15:30
札幌証券取引所	9:00〜11:30	12:30〜15:30
福岡証券取引所	9:00〜11:30	12:30〜15:30

結果、仕事をしながら、このような「タイミングを見計らわないとできない投資」をしようとするとどうなるか。**昔の私のように、仕事をおろそかにするしかなくなります。**私の場合、デスクワーク中も、営業回り中も、ずっと株価チャートを見てしまっていました。仕事中も心配で心配で、ときには、トイレに行きたいわけでもないのにトイレに行って確認してしまう、ということも日常茶飯事でした。

皆さんがFIREを達成するために必要なものは何でしょうか。当然、FIREを達成するための投資に使う原資が必要です。それは、皆さんが日々働いている給料の中から捻出されます。

そうです、**今の仕事をおろそかにしてしまっ**

たら、FIREの原資そのものに影響が出てきてしまうのです。**FIREを達成するための投資なのに、やればやるほどFIREから遠のいてしまう。**それでは、本末転倒だと思いませんか。

「それでは、日本株以外に投資をすればいいのでは？」と思ったでしょうか。日本株以外のマーケットにも、当然、それぞれの取引時間が決まっています。

例えば、**ニューヨーク証券取引所であれば、取引時間は、日本時間23時30分～翌朝6時（夏は22時30分～翌朝5時）**です。今の仕事に勤しむ皆さんが、**まさに次の日の仕事に備えて就寝を取らなければならない時間帯**です。

ただでさえ、一日の仕事で疲れているのに、23時30分まで待って、そこから就寝時間を削ってまで投資をして次の日の仕事を迎えるということが、果たして現実的でしょうか。それこそ、体調を崩してしまい、続かなくなる。続かなければ、FIREを達成することはできません。

やはり、株式投資の中でも短期取引によってFIREを目指すのは得策とは言えなそうです。

図表3　FX＝通貨を売買すること

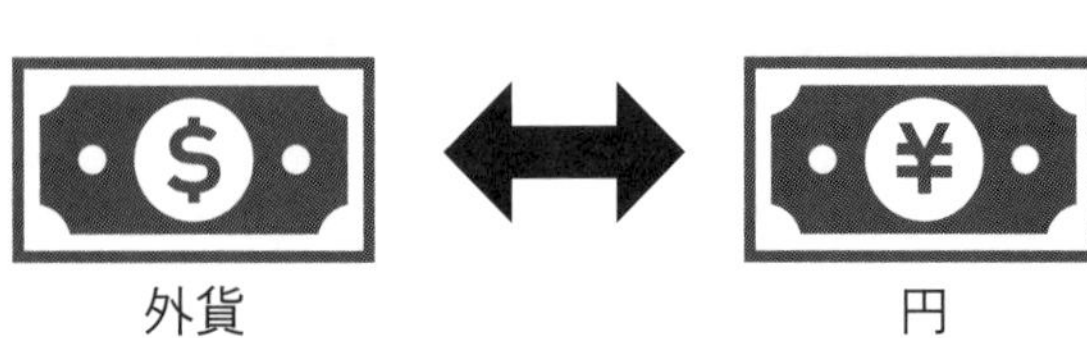

②FX投資

「株式投資」の次に代表的な投資に「FX投資」があります。この投資も、本気でFIREをするための資金を作ろうと思ったら、相当な手間と時間がかかる投資になります。

FXとは外国為替証拠金取引（Foreign Exchange）の略で、FX投資は日本円や米ドルなどの通貨を売買することによって差益を得る投資法です。

為替レートは常に変動しており、通貨の価値は一定ではありません。FXは、この為替レートの変動を利用して損益を発生させる投資です。

この「ＦＸ投資」が人気である理由として、**「証拠金」**という特徴的なしくみがあります。実際に必要な投資額がないとしても、その数パーセントのみを担保として払うことで、大きな額の投資をすることができるというものです。

例えばドル／円が1ドル＝１４０円のときに1万ドルの取引をするとしましょう。本来であれば１４０円×１万（ドル）＝１４０万円がないと1万ドルを手にすることができません。

しかし、ＦＸでは証拠金を払うことで売買できるしくみになっているので、総取引額（この場合は１４０万円）の数パーセントの証拠金を入れるだけで、1万ドル分の取引を行うことができるのです。例えば、証拠金４％の場合であれば、１４０万円×４％＝５万６０００円があれば、１４０万円の取引ができます。

少ない資金で大きな取引ができることを**「レバレッジが効く」**という言い方をします。ＦＸは現在、証拠金の25倍までの取引ができるので、極めてレバレッジの効く資金効率のいい投資法です。こうすると、一見、ＦＩＲＥに最適な投資のように思います。しかし、今からＦＩＲＥを目指す人が利用すべき商品ではありません。

理由の一つは、**「①株式投資」と同じく、「売買の差益」が収益となる投資ですから、**

図表４　ＦＸで利益を出すしくみ

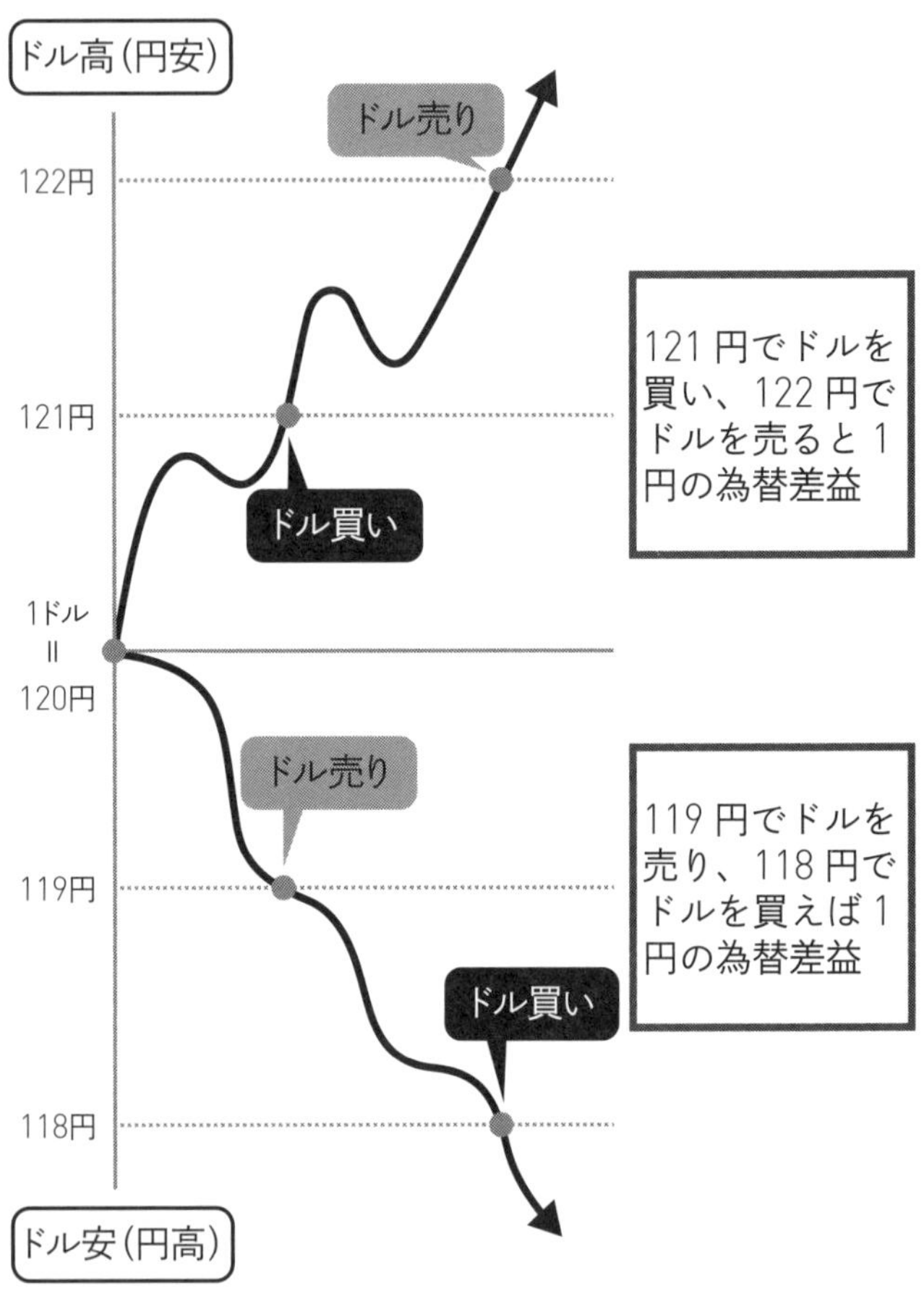

出典：『人生100年時代の着実なお金の作り方』石田昇吾（総合法令出版）, 2019, P220

チャートに張り付くことが前提となるからです。日中、仕事に忙しい皆さんがやるには現実的ではないことは、先の「①株式投資」でお伝えした通りです。

もう一つの理由は、**ＦＸは投資の中でも「機関投資家」と呼ばれる〝投資のプロ〟が多く存在する市場**だからです。もっとも、「投資」と名のつくものにはすべてプロの立場で参戦している人とアマの立場で参戦している人がいるので、その意味では全部プロと同じスタートラインに立っているのですが、**とりわけＦＸはプロの比率が高い市場です。なぜなら、先ほどのようにレバレッジが効きやすい市場であることに加えて、ＦＸは機関投資家が勝ちやすい市場だからです。**

個人投資家には、機関投資家にはできない「長期保有ができる」という強みがあります。ですので、長期戦でじっくり構えればそれなりの投資効果を上げることが可能です。**しかし、ＦＸは値動きが激しく、証拠金の影響などもあることから必然的に短期売買を余儀なくされます。**その意味で、個人投資家の強みが消えてしまい、資金力のあるプロの投資家が有利になるので、他の投資に比べて機関投資家がたくさん参入してくるのです。

つまり、ＦＸに参入するということは、私たちのような個人投資家がプロと同じス

タートラインに立つということを意味します。例えて言えば、元オリンピックメダリスト陸上選手ウサイン・ボルト氏を相手に100メートル走をしなければならないようなもの。機関投資家は投資に関する知識も資金力も情報量もけた外れに違います。取引対象が通貨なので、世界経済や政治の動きに直結しますし、よほど政治経済に造詣が深くなる必要があります。相手は、機関投資家のゴールドマン・サックスやモルガン・スタンレーのように、支社や関係者が世界中に存在して各エリアからダイレクトに情報を取っているような企業の人たちです。

もし、あなたがそれに対抗しようと思うなら、**相当な勉強と、常に経済ニュースを見るくらいの手間と時間を割かなければなりません。**忙しい皆さんに、そんな時間などないでしょう。

やはり、日々の仕事やプライベートに忙しい皆さんがＦＩＲＥを達成する方法として、「ＦＸ投資」も適切とは言えなそうです。

③仮想通貨

仮想通貨で大儲けした人の話は、誰でも一度は聞いたことがあるのではないでしょうか。「億り人」という言葉も、仮想通貨で資産が1億円以上になる人が出るようになってから、一気に流行り出しました。

私たちが普段使っているお金は、国の政府や中央銀行の発行する「法定通貨」です。法定通貨は貨幣や紙幣などの実体を伴った通貨です。

これに対して仮想通貨には実体がありません。買ったり貯めたり使ったりといった取引はすべてインターネット上の記録によって行われ、ウォレットと呼ばれる場所で保管されます。

また、法定通貨は管理者である国家が価値を保証しますが（中央管理型システム）、仮想通貨には管理者が存在しません。管理者を持たない仮想通貨が「通貨」として成立するのは、「ブロックチェーン」というしくみにあります。参加者全員が共有することにより改ざんなどができないようになり、こうすることで仮想通貨の信頼性が担保されるというわけです。

この仮想通貨への投資によってFIREを目指すのも、お勧めしません。**24時間、365日取引ができるからです。**

「あれ？　24時間365日取引できるなら、仕事後や休日に投資すればいいのでは？」と思った方もいるかもしれません。たしかに、先ほどの日本株のマーケットに比べると、自分の空いている時間にできて、融通が利きそうな印象です。

しかし、**実際には自分の空いている時間にだけ投資をする、というのは難しい**と思います。人間の心理的に、四六時中チャートから離れられなくなるからです。

仮想通貨はまだ新しい投資で、安定性がかなり低いです。つまり、**値動きが非常に激しい投資**です。値上がりしているときはとことん値上がりし、その後に急激な値下がりが待っている、という特性があります。

しかも、その流れがいつ止まるのかは誰にもわかりません。今日、明日で終わるのかもしれないし、3～4日かかるかもしれないし、あるいは1週間かかるときもあります。

最近では海外大手取引所でもあるFTX社の破綻騒動もありましたね。これは仮想通貨業界における「リーマン・ショック」のようなものだ、と表現する人もいます。10万人以上の方に被害が出ており、返済に必要な金額は1兆円以上と言われています。市場の値動きだけではなく、取引所の規制などの甘さ、顧客資金管理についての規制の緩さなどが招いた事件となりましたが、仮想通貨を運用する上では市場の値動きだけではなく取引所の健全性なども気にしなければいけないでしょう。

このようなものに投資をするとどうなるか。自分の空いている時間にだけ投資をするどころか、**「損をするんじゃないか」と心配で心配で、24時間365日マーケットに張り付かざるを得なくなります。**平日も、土日も祝日も、クリスマスもお正月も、大きく値動きし、「ちょっとしたことでリスクになるかもしれない」、「利益確定のタイミングを逃すかもしれない」ということで、仮想通貨をやると本当にチャートから離れられなくなるのです。

「24時間365日」というのは、一見すると融通が利くように思えるのですが、実際は、人間の心理から、それが逆に作用してしまうのです。

平日の仕事に影響が出るというだけでなく、プライベートの時間すらも奪うのが仮想通貨投資です。やはり、忙しい皆さんがFIREを達成する方法として、適切とは言えなそうです。

その他の投資でも「平均睡眠時間3時間」に

私はここまでご紹介した投資も含めて、さまざまな金融商品に投資してきました。若かったこともあり、ハイリターンを狙って好んでリスクの高い商品に投資していた時期もあります。**しかし、やはり同じくどれもマーケットから離れられなくなり、結果、日々の仕事をこなしながら続けるのは難しかったのです。**

例えば、私は日経225に連動した動きをする「日経225オプション」というレバレッジの効いた商品に投資をしていた時期があります。レバレッジが効いているので、もともとが日経平均の何倍も激しい値動きをします。

もちろんその分、リターンも大きいのですが、想定していた以上の価格変動があると、あっという間に大損につながります。特に当時は、第二次安倍内閣がアベノミクスという経済政策を打ち出したころで、8000円前後だった日経平均株価が一気に上がり始め、さらに激しい値動きをする時期でもありました。もともとリスクが大きい上に、市況もリスクを助長している状態だったのです。

株式市場が開く朝９時と言えば、当時営業マンの私にとってはお客様回りをしたり、会議に出席したりしなければならない時間です。そこから午後３時まで株式市場は開いています。

しかも、日経２２５オプションは夜間取引もできる商品でした。昼と夜、両方取引ができてしまうのです。他の株みたいに市場が開いている間以外取引ができないのであればまだいいのですが、夜も気になって仕方ありません。

常に「危険な動き」をしていないかどうか、四六時中パトロールしていないと気が済まなくなっていました。プロローグでもお伝えした**相場中毒**の状態です。

さらに、離れられなくなったのは「株価から」だけではなくなりました。

先ほどのアベノミクスの影響でもお伝えしましたが、「日経２２５オプション」のような金融派生商品は、日本や世界の政府の政策によって価格が大きく動きます。そうなると、昼間は日銀の政策決定が気になり、夜はアメリカの政策が気になり……。

他にもアメリカの大統領がどんな発言をしたか、ＦＲＢ（連邦準備理事会。日本における日銀同様の、米国の中央銀行制度の最高意思決定機関）が何を言ったか……。それらによって、翌日の日経平均株価が大きく動き、結果、「日経225オプション」の価格も変動するため、そういった**ニュースも気になって気になって仕方がなくなってしまったのです。**

だいたいアメリカで重要な政策が発表されるのは**日本時間で深夜帯であること**が多いので、すぐに速報を確認したいと思うとおちおち寝てもいられません。ただでさえ日中、日経平均がどうなったか絶えず神経をとがらせて疲れているので、いったん寝たら最後、途中で起きられない。だからこそ、**一睡もせずに次の日の仕事に行くなんてことも頻繁にありました。**

結果、どうなったかはご想像の通りです。体調を崩しました。発熱がしばらく続き、治ったかと思ったらまたぶり返す、というのを繰り返すようになったのです。普通に考えて、**平均睡眠時間が3時間という生活**が続いていたら、勤務先がブラック企業でなくても体を壊しますよね。

そんな誰が考えてもわかりそうなことに気づきもせず、一体自分は何をやってきたんだろうと呆然としていたのが当時の自分です。だからこそ、これからＦＩＲＥを目指す人には、私のような遠回りはしてほしくないと思うのです。

先に挙げた3つの代表的な投資だけでなく、**こういったリスクの高い投資も、忙しい人がFIREを目指すのには向いていないと思います。**

「配当投資」なら〝何もせず自動で〟お金が入る

こうして会社員をしながら、世の中にある投資法の多くを試していきました。しかし、どれも大変な手間や時間が取られます。一日仕事をしていた自分には、とてもではないですが、続けられませんでした。

日中、仕事をしている自分にもできて、しかも短期間でのFIREが目指せる投資法はないか――。このころから、「ほったらかし投資FIRE」の模索が始まりました。

まず、これまでの私の投資法の何が問題だったか。**主に「株価チャート」に張り付**

いていないといけないことが大きな問題でした。

では、なぜ「株価チャート」に張り付かなければならないのか。それは、「安く仕込んで高く売る」という投資をやっているからです。このような「キャピタルゲイン狙いの投資」をやっている限りは、マーケットのパトロールから自分を解放することはできません。では、「キャピタルゲイン狙いの投資」をやめるには、どうすればいいか。**「インカムゲイン狙いの投資」**に切り替えることです。

ちょっとここで、キャピタルゲインとインカムゲインについて、おさらいをしておきましょう。

投資の利益には次の2種類があります。

①安値で買って高くなったときに売り、差益を得る・・・キャピタルゲイン
②その金融商品を保有することで利息や分配金、配当を得る・・・インカムゲイン

私がマーケットに張り付くようにしていたのは、キャピタルゲインを狙っていたか

図表5　キャピタルゲインとインカムゲイン

キャピタルゲイン

100万円を投資

200万円で売却

100万円が差益

インカムゲイン

100万円を投資

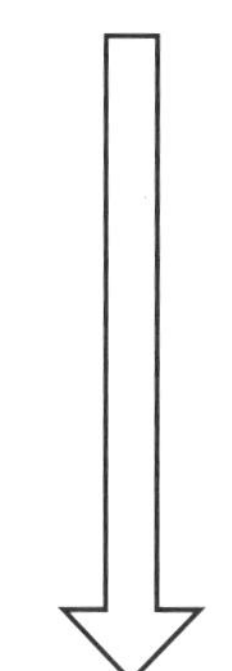

利益=配当1万円

らです。安く買って、高く売る投資をしていたので、「どのタイミングで売るか」が常に大問題でした。できる限り高くなったときに売ろうと思うと、それこそマーケットから目が離せなくなってしまうのです。キャピタルゲインを狙った株式投資やＦＸ、仮想通貨への投資などは、乱高下がついて回るので常に不安との闘いになってしまいます。

一方、インカムゲイン狙いの投資とは、例えば、今回のような**配当投資**がこれにあたります。売却して利益を得るキャピタルゲインに対して、**保有するだけで自動的に利益が得られる投資です。**

例えば、**配当投資であれば、その株に投資をしたら、もうそれだけで自動的に配当金があなたの口座に、一定期間ごとに振り込まれます。**投資するその株ごとに配当金が「年〇％」と決まっていて、「（あなたがその株に投資している）総資産」×「年〇％」が利益として得られます。

「保有するだけで」というところがポイントです。「売却をしなくても利益が得られる」ということは、タイミングを見計らう必要がなくなりますので、株価チャートに張り付く必要がなくなるのです。**本書の投資法である「米国株」高配当再投資法が〝ほっ**

たらかし”でもＦＩＲＥできるのは、この「配当投資」だからです。

株の値動きがまったく関係ないかと言うと、ウソになります。株価というのは、その企業の業績を如実に反映しています。株価が下がる場合には、業績も落ちていることが多く、業績が落ちたら、配当も減る可能性があるからです。

しかし、そもそもが「株の値動きの差」を利益にしているキャピタルゲイン狙いの投資から比べると気にする必要は格段になくなりますし、さらに後述するように、これまでどんな経済ショックがあっても減配をしてこなかった「超優良高配当企業」に投資をすることで、あなたは99％株価チャートから解放されます（投資に１００％はないので、１００％とは言えないのが、もどかしいのですが）。

実際、過去にリーマンショックをはじめとする世界的な経済ショックがありましたが、それらを乗り越えて配当を出し続けている銘柄がいくつもあります。これが配当投資の大きなメリットです。ある程度の収入の見込みが立つので、比べものにならないほど安心感は大きくなります。

後ほどそのしくみを詳しくご説明しますが、私がＦＩＲＥするための原資を作るのに利用した金融商品は、相場の下落時のリスクが限定的な高配当商品だったので、**こ**

のたびのコロナ禍にあっても配当が支払われ、本当に心強かったです。

もしもキャピタルゲインを狙った投資を続けていたら、ＦＩＲＥどころか資産額が激減して真っ青になっていたことでしょう。

「キャピタルゲインによるＦＩＲＥ」と「インカムゲインによるＦＩＲＥ」

「キャピタルゲインによるＦＩＲＥ」と「インカムゲインによるＦＩＲＥ」では、ＦＩＲＥ後の生活費の原資に少し違いがあります。「配当投資によるＦＩＲＥ」とはどんなしくみかをご理解いただくのに大事なポイントですので、ここで解説しておきます。

「キャピタルゲインによるＦＩＲＥ」の場合は、第1章で紹介した通りで、**「4％ルール」**に基づいて、生活費を捻出します。生活費が月25万円の場合は年間３００万円必要で、ＦＩＲＥを達成するには３００万円×25年＝７５００万円の資産が必要になります。そして、ＦＩＲＥ後は、これを年４％（年３００万円の利益）で運用しながら、毎年資産の４％（同じく３００万円）を取り崩して生活費に充てていけば、資産を減らすことなく生活できるというものです。つまり、**取り崩した資産が生活費になります。**

一方、配当投資の場合、「４%ルール」は使いません。**純粋に配当金自体が生活費になります。**例えば、本書で紹介するＱＹＬＤという米国株ＥＴＦであれば、配当の利率が「年12%」です。年３００万円の生活費がかかるとすれば、年に３００万円の配当金が振り込まれるようにすればいいわけですので、３００万円÷12％＝２５００万円の資産が必要になる計算になります。

逆に言うと、ＱＹＬＤへの投資資産が２５００万円になれば、２５００万円×12％＝年間３００万円が毎年配当金として、あなたの口座に入ってきます。これが生活費になるのです。

この場合、「キャピタルゲインによるＦＩＲＥ」と違って、総資産である２５００万円自体から取り崩す必要はありません。**資産を減らさずに、生活費を賄え**

るというのは、思っている以上にうれしいものです。体験してみるとわかるのですが、お金が増えているという「実感」がリアルに湧いてくる瞬間です。何より、資産を減らしませんから、本当の意味で安心してＦＩＲＥ生活を送れるのは、「インカムゲインによるＦＩＲＥ」のほうだと私は考えています。

「再投資」すれば、さらに「配当金」が右肩上がりに増加

私はＦＩＲＥの原資を作るために、配当を「再投資」していました。

「再投資」とは、（毎月配当のものであれば毎月）入ってきた配当金を再度、その株に投資することです。先ほどもお伝えしたように、配当金は、その株に投資した「総資産」に、その株ごとに決まっている配当金の利率「○％」を掛け合わせた額が入ってきます。ですから、「総資産」が増えれば増えるほど、次に入ってくる配当金も、

図表6　配当金の再投資で、配当金がうなぎのぼりに上がる

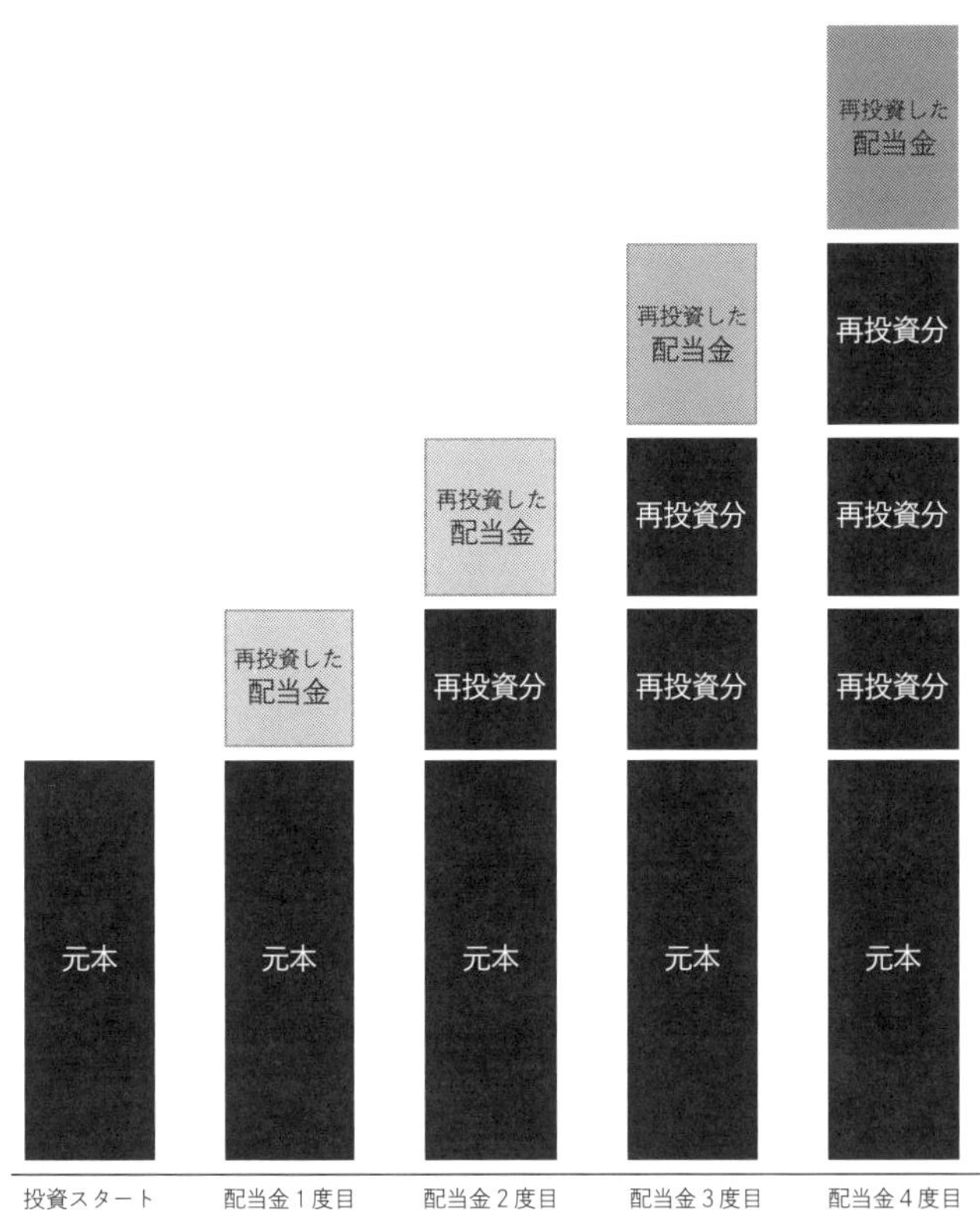

うなぎのぼりに上がっていきます。

図表6は、配当金を再投資した場合の図です。再投資すると、入ってくる配当金がうなぎのぼりに上がっていくことが視覚的にわかると思います。

もちろん、配当投資を始めると、すぐに入ってくる配当金にうれしくなってしまうものです。そして、それを「今」何かに使いたくなる気持ちもわかります。

しかし、本書をお読みになっているFIREを目指している方々は、おそらく短期でのFIREを目指しているのだと思います。お伝えしたように、FIRE後の生活費は配当金であり、配当金は「(その株に投資している)総資産」×「○%」ですから、早くFIREを達成するには、総資産をいかに早く増やせるかにかかっています。

なるべく早くFIREをしたい人は、いったん、配当金はあぶく銭くらいに考えて、再投資することをお勧めします。

なぜＦＩＲＥするなら「インデックス投資」より「配当投資」か？

ここまでお話を進めてくると、「インデックス投資にすればいいのに」と思われることでしょう。それも一理あります。インデックス投資は、ＦＩＲＥの本を出している方たちが決まってお勧めしている金融商品です。

インデックス投資をお勧めしない理由の一つは、プロローグでお伝えした通り、ＦＩＲＥ達成に時間がかかるためです。さらに、インデックス投資を勧めているＦＩＲＥの本を読み進めてみると、インデックス投資だけではＦＩＲＥ後の生活費を賄うことができず、結局、副業も追加でしなければならなかったり、給料の8割を投資に回すという過度な節約をしなければならないものが多くあります。「ＦＩＲＥを目指す」ということにおいては、インデックス投資は、結局、「時間がかかる」部類に入ってしまうと思います。

また、これら以外にも、インデックス投資によるＦＩＲＥをお勧めしない理由があります。それが**「『出口』のタイミングをはかるのが難しい」**という点です。

仮にインデックスファンドでＦＩＲＥできるだけの資金が作れたとしましょう。インデックスファンドの場合、配当のように一定期間ごとにお金が払い出されるわけではありません。ということは、「ＦＩＲＥできるだけの資金が作れた」と感じられるときが来て、いざＦＩＲＥ生活を始めるとなったら、**今度は「資金を取り崩す」という作業が必要になる**のです。その決断ができるかどうか……私は難しいと思います。

というのも、私は今までインデックスファンドで作った資金を取り崩しながらＦＩＲＥ生活をしている人に会ったことがないのです。

なので理論的には理解できるのですが、果たして実際問題としてインデックスファンドで積立をしてきただけで、実際に自分の手を動かして投資をしてこなかった人が、お金を減らす「資金の取り崩し」という決断ができるのかどうか、はなはだ疑問です。

そう言えば、インデックスファンドでＦＩＲＥを目指したはいいけれども、取り崩しをすることにどうしても抵抗があり、資金が作れた今もＦＩＲＥに踏み切れない人がいる、という話を聞いたことがあります。取り崩すというのはそれくらい精神的にも大変なことなのだと実感させられました。

その点、配当投資なら、毎月配当金が自動で口座に入ってきます。もうＦＩＲＥできるだけの資金が作れたと思ったら、それまで再投資に回していた配当を生活費に充てればいいだけですから、資産を取り崩す必要がありません。

ＦＩＲＥを達成するまでは、月に1回、口座に入ってきた配当を再び投資に回す作業が必要にはなりますが、ものの3分もあれば終わります。これ以外の毎月一定額を投資する作業は、一番最初に証券口座で「自動積立設定」をしてしまえばあとは〝ほったらかし〟でできるので、ＦＩＲＥするまでは、この「月1回3分の再投資の作業」だけで大丈夫なのです。

「今」を楽しめるのも「インデックス投資」より「配当投資」のいい点

ここまで、ＦＩＲＥに向けて資産作りをしている期間は配当を再投資することを前提にお話を進めてきました。

しかし、早くＦＩＲＥを達成したい人にお勧めしているというだけで、全員が必ず再投資に回さなくてはいけないという意味ではありません。年収が高くて資金的な余裕がある人や、資金作りに縛られてやりたいこともやれないのはつらいと感じる人は、配当を「今」使うという手もアリだと私は思っています。それも含めて本人の「自由」なのです。

この選択が取れるのも配当投資の利点です。よくＦＩＲＥのための原資５０００万円をインデックス投資で作るために月20万円頑張って積立をし、それゆえに今の生活が犠牲になっている、という話をＳＮＳで見かけます。家族や友達と旅行に行ったり、キャンプをしたりすることを「将来、FIREしたときにやればいいや」と後回しにして、それよりも原資産を大きくすることを優先してしまったり……。

もちろん、インデックス投資でも毎月の投資金額を減額することで今を楽しむお金を捻出することは可能だと思います。しかし細かい調整をしている方はあまり見受けられません。どちらかと言うと目標積立金額というゴールに向かって一直線に駆け抜けている方が多いのではないでしょうか。

ところが配当投資なら、手元に一度お金が来るわけですから、再投資する以外に「使う」という選択肢を選ぶことができます。もちろん、毎月配当が入るたびに全額使ってしまうようでは、いつまで経ってもFIREは達成できません。それを避けるべきなのは言うまでもありません。

ただ、FIREを目指しているからと言って、過度に今の生活を犠牲にする必要はないのではないかとも私は思います。「今しかない時間」「今だからこそ使うべきお金」というものがあると思うからです。

子どもがいる人の場合、大きくなったら一緒に遊んでくれなくなるとか、大学受験で家族旅行どころではなくなるということもあるでしょう。「今しかない時間にお金を使う」ということを、大切にするのは決して悪いことではありません。その選択ができるのも配当投資なのです。

私が思うに、若さというのは何よりの資産です。若いからこそできること、年を取ったらできないことというのが必ずあると思います。30歳の今だからこそできることを犠牲にして、さあ60歳で経済的に自由になったからそれをやろうか、となったときに本当にできるかどうか……。そんなふうにも思います。ましてや現代社会は「70歳まで働くことができる社会」です。お金の不安がある人はずっと労働者であり続けなければなりません。

米国株は連続増配25年以上が「64社」で圧倒的

さて、少し話がそれましたが、ここまでは、なぜ配当投資か、なぜ再投資か、についてお話ししてきました。

配当投資である理由は、忙しいあなたでも〝ほったらかし〟でできるからです。そして、再投資である理由は、ＦＩＲＥのための資金を少しでも早く増やすためです。ここまでで「配当投資」×「再投資」である理由をおわかりいただけたと思います。

ここからは最後、**「米国株」である理由**をお伝えしていきます。結論を先に言うと、**米国経済は世界で最も強く、**だからこそ、配当投資の中でも**「米国株」が圧倒的に高配当な株が多い。よって、最も早くＦＩＲＥのための資金を作れる**からです。

まずは、「配当」の面で実際に米国株がどれだけすごいのかを見てみましょう。

比較のため、日本株も見てみます。ＧＤＰ世界3位ですから、当然日本にも高配当の銘柄は存在します。しかし長年にわたって連続して配当額が増えている（増配している）銘柄は、33年増配している花王ただ1社です。

一方、アメリカはこの点で圧倒的です（図表7）。長年にわたり毎年配当を増やしている企業を「配当貴族」と言いますが、**25年以上増配を続けている会社が64社**。内訳が**連続増配50年以上が21社、連続増配25年以上50年未満が43社**もあります。「増配」というのは、前の年よりも次の年のほうが配当が増えることを言います。つまり、1

図表7 配当貴族一覧

会社名	分野	連続増配年数
ドーバーコーポレーション	製造	67
ジェニュイン・パーツ	一般消費財	66
P & G	生活必需品	66
エマソン・エレクトリック	製造	66
3M	製造	64
シンシナティ・ファイナンシャル	金融	61
コカ・コーラ	生活必需品	60
ジョンソン・エンド・ジョンソン	ヘルスケア	60
コルゲート・パーモリーブ	生活必需品	59
イリノイ・ツール・ワークス	製造	58
ホーメル	生活必需品	56
スタンレー・ブラック&デッカー	製造	55
フェデラル・リアルティ・インベストメント・トラスト	不動産	55
シスコ	生活必需品	53
W.W. グレインジャー	製造	51
ベクトン・ディッキンソン アンド カンパニー	ヘルスケア	51
PPG インダストリーズ	素材	51
ターゲット・コーポレーション	一般消費財	51
アッヴィ	ヘルスケア	51
アボット・ラボラトリーズ	ヘルスケア	50
キンバリークラーク	生活必需品	50
ペプシコ	生活必需品	49
ニューコア	素材	49
S&P グローバル・レーティング	金融	49
アーチャー・ダニエルズ・ミッドランド	生活必需品	49
ウォルマート	生活必需品	49
VF コーポレーション	一般消費財	49
コン・エジソン	公共事業	48
ロウズ	一般消費財	48
ADP	IT	48
ウォルグリーン・ブーツ・アライアンス	生活必需品	47
ペンテア	製造	46
マクドナルド	一般消費財	46
メドトロニック	ヘルスケア	45
シャーウィン・ウィリアムズ	素材	44
フランクリン・テンプルトン・インベストメンツ	金融	40
エアー・プロダクツ・アンド・ケミカルズ	素材	40
アムコール	素材	40
エクソンモービル	エネルギー	40
アフラック生命保険	金融	39
シンタス	製造	39
ブラウン・フォーマン	生活必需品	38
アトモス・エナジー	公共事業	38
マコーミック・アンド・カンパニー	生活必需品	36
ティー・ロウ・プライス	金融	36
カーディナルヘルス	ヘルスケア	36
クロロックス	生活必需品	36
シェブロン	エネルギー	35
AO スミス	製造	31
エコラボ	素材	30
ウエスト・ファーマシューティカル・サービシズ	ヘルスケア	30
ローパー・テクノロジーズ	製造	30
リンデグループ	素材	29
キャタピラー	製造	29
チャブ	金融	29
エクスペディターズ	製造	29
ブラウン・アンド・ブラウン	金融	29
アルベマール	素材	28
エセックス・プロパティー・トラスト	不動産	28
リアルティ・インカム	不動産	28
IBM	IT	28
ネクステラ・エナジー	公共事業	28
チャーチ・アンド・ドワイト	生活必需品	26
ジェネラル・ダイナミクス	製造	25

※2022年6月22日時点のデータです。
※出典：The Motley Fool HP「S&P500's Best Dividend Aristocrats」

株あたりの配当が例えば年に0・5ドルとか1ドルといった具合に毎年増えていき、それが25年以上続いているということです。これはすごいことだと思いませんか？毎年毎年、配当金が右肩上がりに増えていくのです。実際に配当だけで10倍、20倍になっているケースもあります。

そして、1回でも「前年を下回る、あるいは前年と同額の配当金」を出した時点で、連続増配記録はストップします。これがいかに難しいことか。だからこそ、日本は1社しかないのですが、米国企業には64社存在します。ドットコムバブルの崩壊、リーマン・ショックやコロナ・ショックがある中で米国株がいかにすごいかわかっていただけると思います。

このリストには左から会社名、分野、連続増配年数が記載されています。年間配当については3〜4％で優良企業と言われたり、5〜6％で高配当と言われたりしています。もちろんこのリストに入っている会社もその中の1社でしょう。毎年、きちんと売上を上げて利益を出しているからこそ増配ができるのです。

66年連続配当の会社が3社もあるところに、アメリカ経済の力強さを感じずにはいられません。

配当金を出す米国企業、出さない日本企業

ではなぜ、米国株はこんなにも配当金が出て、日本企業は出ないのでしょうか。理由は大きく2つです。一つは「配当金に対する考え方の違い」、もう一つは純粋に「米国経済が強い（だから企業に配当金を出す余裕がある）」という理由です。ここでは、まず1つ目の「配当金に対する考え方の違い」から解説していきます。

実際、日本にも配当金を出している企業はありますが、やはり多くの企業は利益が出ても内部留保をする傾向にあります。一方で、アメリカの場合は利益が出ているなら自社株買い、または配当金を出すことで、「株主への還元」を行うという考え方が根強くあります。

では、なぜアメリカの企業には「株主への還元」の考え方が根強くあるのでしょうか。その背景には、「株主が企業に対してどれほどものを言うか」ということがある

のではないかと私は考えています。例えば、日本では株主総会で株主が声を上げ、それにより社長が退任に追い込まれるケースはあまり聞きません。しかし、アメリカではこういったことが日常茶飯事に起こります。

今一番わかりやすい例が、メタ（旧・Facebook）です。メタは今、何をしているかというと、メタバースと言われている仮想現実の世界に対して4か月間で1兆円の投資をしています。しかし、実は株価は下がっていますし、業績も下がっている状況なのです。これに対して、今、メタでは株主から強く声が上がっています。

要は「それほどの規模の投資をするなら、株主還元してくれてもいいのでは」という声です。たしかに、メタのような大企業がメタバースに1兆円も投資することは、メタバースという業界の成長にはいいと思います。しかし、メタバースがビジネスになるのはあまりに先すぎる話かもしれませんし、将来花開くかどうかもわかりません。

そこで、今、「年間の設備投資金額を5000億までにしてほしい」と大口の株主からクレームが入っているのです。日本ならここまで株主が経営に口を挟むことは少ないですが、アメリカではこういった議論が世論を巻き込んでなされます。

企業が利益を出しているときに、株主が「株主還元はないのか」と声を上げるのがアメリカ。だから、たくさん配当を出す企業が多い。一方で、日本の株主はあまりこういった声を上げることはありませんので、企業としては少しだけ配当金を出して、ほとんどは企業の中に留保するというケースが多くあります。「企業がどれだけ株主還元をすべきか」という点で、アメリカと日本では考え方が大きく異なるのです。

日本にいながら米国高配当株に投資するのが一番オイシイ

株主が声を上げるのですから、自分が企業の側だったらと想像すると大変です。しかし、日本で働いている我々は当然ながらそのような大変な思いはしなくて済みます。一方で、アメリカで「株主還元」の考えが強いおかげで、米国株に投資する私たちは、その恩恵だけを受けることができます。メリットばかりなのです。

つい最近も、日本の大企業である三菱商事が決算を発表したのですが、「1兆円の利益」という結果でした。当然、株主は沸きに沸いて、「これは増配だろう」という空気になったのですが、ふたを開けると増配はたったの5円でした。1兆円も利益が出ているのに株主還元が5円。残りは全部、内部留保になってしまいました。1兆円の利益を出している三菱商事でもです。これが日本企業です。

一方で、マクドナルドは２０２２年の増配を10・１％と発表しました。２０１８年にも14・９％の増配を実施しています。この「株主還元」に対する考えは、明らかにアメリカと日本では風土が違うのです。ですから、米国株に投資をするというスタンスでいけば、こういった米国企業のシビアな株主還元に関する恩恵を間接的に得ることができるのです。

なぜ景気後退時でも、増配を続けられるのか？

でも不思議だと思いませんか。アメリカには25年以上、増配を続けている企業がこんなにもたくさんありますが、その25年の間には、リーマン・ショックだって、コロナ・ショックだってあったはずです。しかし、それでもこれらの企業は増配をやめな

図表8 P&Gの売上と純利益（単位：千ドル）

	2019年06月	2020年06月	2021年06月	2022年06月
売上	67,684,000	70,950,000	76,118,000	80,187,000
純利益	3,634,000	12,764,000	14,035,000	14,461,000
EPS	1.45	5.13	5.69	6.00

出典：Yahoo! finance

かった。なぜでしょうか。それは、そういった景気後退時は実は「株価は下がっても、配当金の原資となる売上や利益が下がっているわけではない」からです。

例を出しましょう。図表8は、皆さんもよくご存じのP&Gの決算書から売上と純利益を抜粋したものです。

2019年、2020年、2021年、2022年。売上の数字は上がっています。特に2020年にはコロナ禍があったはずなのですが、P&Gはコロナ禍の中でもきちんと売上を上げていたということです。

次に純利益を見てみましょう。純利益とは経費などをすべて差し引いた上での利益ですが、実は増えています。ですので、EPSという「企

図表9 コカ・コーラの売上と純利益(単位:千ドル)

	2018年12月	2019年12月	2020年12月	2021年12月
売上	31,856,000	37,266,000	33,014,000	38,655,000
純利益	6,434,000	8,920,000	7,747,000	9,771,000
EPS	1.51	2.09	1.80	2.26

出典:Yahoo! finance

業が1株あたりいくらくらい稼いでいるか」という利益の指標も実は伸びています。

P&Gもコロナ・ショックの際には株価は下がってしまいましたし、回復にも半年ほどかかってはいるのですが、このように売上や利益は伸びているのです。私たちは、株価が下がると当然、売上や利益も下がっているように思いがちですが、必ずしもそうではありません。まして、連続増配記録のあるような企業体力のある米国企業には、起こり得ることです。

「とはいえ、P&Gみたいに景気後退時でも売上が上がる企業ばかりではないでしょ」と思われるでしょう。その通りです。しかし、それでも、増配はされます。

例えば、図表9はコカ・コーラの決算書から売上と純利益を抜粋したものです。コカ・コーラは実はコロナ・ショックのときには売上を下げています。しかし、それでも同社のような連続増配を繰り返す企業は大きく売上を落とすということはありません。図表を見ていただくとわかる通り、現にコロナ・ショック時でも十分な利益を出しています。

図表10はコカ・コーラの配当金の推移です。やはり、長期にわたって配当金を増やし続けているのが見て取れます。それだけたくさんの売上を上げ、キャッシュがあり、利益を出すことができているからこそ、配当を高く、そして長く出すことができるのです。このような安定した企業が多いから、米国は高配当株が多いのです。

配当金の原資は利益です。そして、利益は売上があるからこそ、生み出されます。それらが下がらないからこそ、景気後退時でも増配ができます。

そして、仮に少し売上や利益が下がってしまったとしても、そのときには米国企業は内部留保を使い、配当金に回します。日本企業ですと、そういった危機のときに内

図表10 コカ・コーラの年間配当履歴推移(1979~2021年)

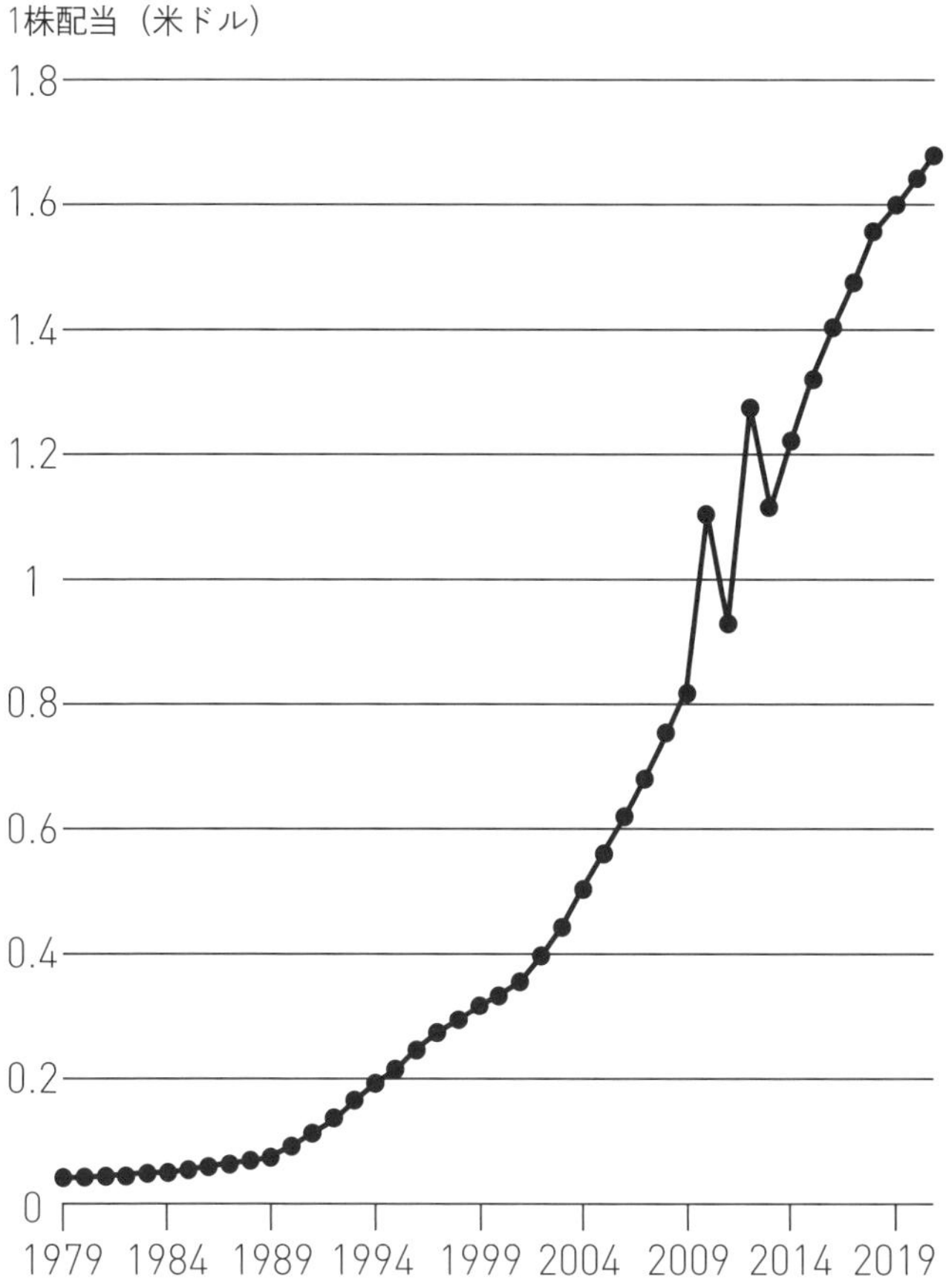

出典：マネックス証券「マネクリ」（2021年11月19日）

部留保は使いません。しかし、米国企業はそのような危機のときにこそ内部留保を使い、株主還元をするのです。

時価総額上位10社のうち7社が米国企業

さて、「配当」の面で、いかに米国株が圧倒的か、そしてそれが「配当金への考え方の違い」からきていることが、わかっていただけたと思います。

ここからは、米国企業が高配当を出すもう一つの理由、「米国経済の強さ」について、紹介していきましょう。お読みいただけたら、なぜ高配当・増配が多いのか、ご納得いただけるでしょう。

私は20代前半で投資を始めてから、最初のころは日本株や日経225オプションがメインで外国株に手を出したことがありませんでした。ところが海外旅行をしたり、他の国で仕事をしたりするうちに、「アメリカは世界一強い国なんだな」と実感するようになりました。

一番インパクトがあったのは、2018年にシリコンバレーに行ったときです。GoogleやApple、Facebookなどのオフィスを見て回っているうちに、「こんなすごいオフィスがあるのだから、そりゃ世界一になるはずだな」と納得する以外ありませんでした。

シリコンバレーには楽天やソフトバンクなど日本企業のオフィスもあったのですが、端っこのほうにある感じなのは否めませんでした。やっぱりど真ん中には現在のネット社会をリードし、世界中に影響を与えているアメリカ企業がドン！とあるのを目のあたりにしたのです。

かつては日本企業が勢いを持っている時代もありました。私はそのころまだ子どもだったのでよくわかってはいませんでしたが、いわゆる日本がバブル経済の時代だったとき、世界の時価総額ランキング1位はNTTで、10位以内に日本の会社が7社も入っていました（図表11）。当時、アメリカはIBMとエクソン2社がランクインし

図表11 世界時価総額ランキング(1989年)

順位	企業名	時価総額(億ドル)	本社所在国
1	日本電信電話	1,639	日本
2	日本興業銀行	716	日本
3	住友銀行	696	日本
4	富士銀行	671	日本
5	第一勧業銀行	661	日本
6	IBM	647	アメリカ
7	三菱銀行	593	日本
8	エクソン	549	アメリカ
9	東京電力	545	日本
10	ロイヤル・ダッチ・シェル	544	イギリス
11	トヨタ自動車	542	日本
12	GE	494	アメリカ
13	三和銀行	493	日本
14	野村證券	444	日本
15	新日本製鐵	415	日本
16	AT&T	381	アメリカ
17	日立製作所	358	日本
18	松下電器	357	日本
19	フィリップ・モリス	321	アメリカ
20	東芝	309	日本
21	関西電力	309	日本
22	日本長期信用銀行	309	日本
23	東海銀行	305	日本
24	三井銀行	297	日本
25	メルク	275	アメリカ
26	日産自動車	270	日本
27	三菱重工業	267	日本
28	デュポン	261	アメリカ
29	GM	253	アメリカ
30	三菱信託銀行	247	日本

出典：米BusinessWeek,1989年7月17日号、P140「THE GLOBAL1000-THE LEADERS」を基に作成

図表12 世界時価総額ランキング(2020年)

順位	企業名	時価総額(億ドル)	本社所在国
1	サウジ・アラビアン・オイル	17,434	サウジアラビア
2	アップル	15,782	アメリカ
3	マイクロソフト	15,523	アメリカ
4	アマゾン・ドット・コム	14,358	アメリカ
5	アルファベット	9,829	アメリカ
6	フェイスブック	6,773	アメリカ
7	テンセント・ホールディングス	6,146	中国
8	アリババ・グループ・ホールディング	5,793	中国
9	バークシャー・ハサウェイ	4,325	アメリカ
10	ビザ	3,766	アメリカ
11	ジョンソン・エンド・ジョンソン	3,698	アメリカ
12	ウォルマート	3,390	アメリカ
13	ネスレ	3,313	スイス
14	ロシュ・ホールディング	3,031	スイス
15	マスターカード	3,023	アメリカ
16	P&G	2,970	アメリカ
17	JP モルガン・チェース・アンド・カンパニー	2,842	アメリカ
18	ユナイテッドヘルス・グループ	2,824	アメリカ
19	TSMC	2,786	台湾
20	ホーム・デポ	2,669	アメリカ
21	貴州茅台酒	2,655	中国
22	サムスン電子	2,614	韓国
23	インテル	2,490	アメリカ
24	中国工商銀行	2,429	中国
25	エヌビディア	2,344	アメリカ
26	ベライゾン・コミュニケーションズ	2,262	アメリカ
27	LVMH モエ・ヘネシー・ルイ・ヴィトン	2,228	フランス
28	ノバルティス	2,161	スイス
29	ネットフリックス	2,136	アメリカ
30	AT&T	2,130	アメリカ

出典:経済産業省 CGS研究会(第3期)第1回　事務局説明資料、2021年11月16日、P3を基に一部改変

ているのみでした。

ところが、それから約30年後には大きく状況が変わってしまいました（図表12）。**時価総額ランキング上位10社のうち、実に7社をアメリカ企業が占めています。**日本企業はというと30位以内には1社もいません。

よくよく考えれば、この10年のうちにシャープが台湾企業に吸収されたり、パナソニックも世界に与える影響力が低下したりするなど、かつては持っていたはずの日本企業の国際競争力がどんどん減速してしまいました。

私はそんなことを考えながら、シリコンバレーのど真ん中に建っているアメリカ企業のオフィス群を見つつ、「ああ、残念ながら日本株で投資がうまくいくはずがなかったんだな。アメリカに投資するほうが効率はいいな」と判断せざるを得ませんでした。

「世界の基軸通貨」が米国株にとって強みになる

米国株に投資すべき理由は「圧倒的に強いから」です。アメリカは国内総生産世界1位の大国です。アメリカには世界中からお金が集まってきており、米ドルは国際間の決済や金融取引の際に基準となる「基軸通貨」にもなっています。

通貨別の為替取引量を見ると、米ドルがダントツでトップを走っています(図表13)。つまり**アメリカという国は外国との取引を自国の通貨で行えるということです。**

日本がアメリカと取引しようとすると日本円を米ドルに替えたり、逆に米ドルを日本円に替えたりと為替交換手数料がかかります。世界の基軸通貨となっており、自国の通貨で取引ができるアメリカはその必要がないのです。このこと一つ取ってみても、アメリカが国際貿易でいかに有利で力を持っているかがわかります。そして、国際貿易で有利ということは、米国企業が有利であること、つまり米国株が有利であること

図表13　世界の外為市場取引額の通貨別シェア（2022年）

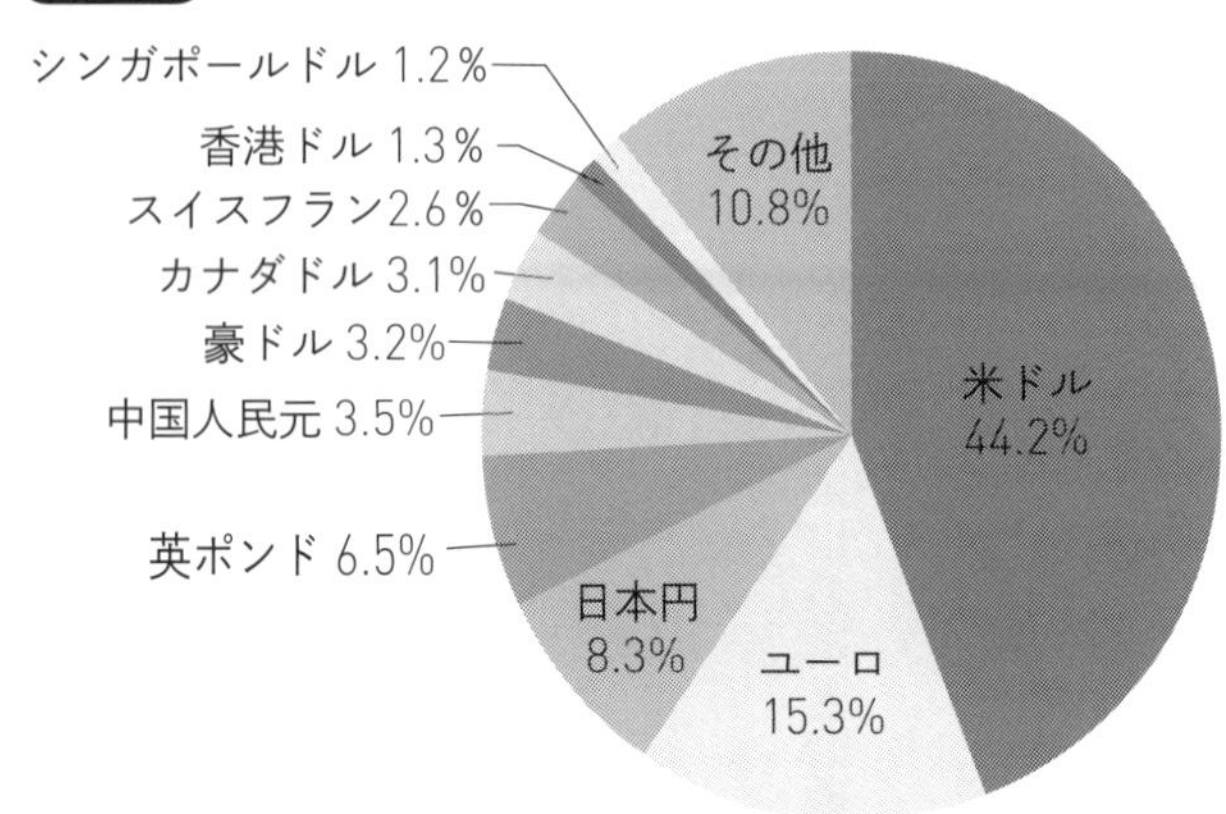

出典：公益財団法人国際通貨研究所「国際通貨研レポート」（2022.10.31）を基に作成

を意味しています。

世界中で巨大化を続ける米国企業

他にもアメリカの経済の強いところは、**世界中でアメリカ製の商品が大量に消費されている点**にあります。米国がグローバルに進出していけるのは、英語という国際言語を使っていることも大きいです。

世界で一番多く使われている言語は中国の北京語、2番目はスペイン語、3番目が英語ですが、第二言語や第三言語、会話で使用されている人の数で見ると、英語が最も多くなります。これは第二次

図表14　世界で話されている言語

順位	言語	使用人口
1位	英語	13.48億人
2位	北京語（中国語）	11.2億人
3位	ヒンディー語（インド系）	6億人
4位	スペイン語	5.42億人
5位	アラビア語	2.74億人
6位	ベンガル語（インド系）	2.68億人
7位	フランス語	2.67億人
8位	ロシア語	2.58億人

出典：ノーヴァネクサス(株)HP「[世界の言語]使用人口と使用状況」, 2021年6月9日を基に一部改変

世界大戦前にイギリスの植民地が多かったことと、大戦後のアメリカ文化の拡大に起因しています。

マクドナルドもスターバックスも今や世界中に進出していますし、コーラも置いていないところを探すほうが難しいくらいでしょう。皆さんはマクドナルドのハンバーガーやフライドポテトを食べる人が減ることを想像できますか？　コーラが飲まれなくなるなんて、考えられないですよね。その実感こそが、米国企業、つまり米国株がいかに強いかということです。

海外進出という点で一番わかりやすいのは、コカ・コーラやP&Gでしょう。

東南アジアなど、これから人口が増えていく国に進出するために莫大な広告費をかけています。それらの国々では、子どもたちが成長していくにつれて国も成長し経済力をつけていくでしょう。彼らがコカ・コーラやＰ＆Ｇの商品を買ってくれるようになれば、すごい売上が期待できます。

そんなふうに成長する場所へのマーケティングをしたり、そこに投資したりするのは、アメリカ企業の得意とするところです。中国に初めて進出した企業もアメリカ企業でした。

悲しいことにこの10年の間に日本のＮＥＣや富士通などの日系パソコンメーカーは事業の売却などでパナソニック以外は撤退してしまいましたが、アメリカのMacやDELLは勢いを伸ばしています。ソフト面ではWindowsのSurfaceもありますし、ウェブブラウザではGoogleやSafariが世界中で使われています。

ＳＮＳも国産のmixiは衰退してしまい、FacebookやInstagramに取って代わられました。

スポーツシューズやウェアも、日本のミズノはほとんど見なくなった反面、ＮＩＫＥは相変わらず人気です。

アメリカ製品は私たちの生活の深いところまで入り込んでいます。これは他国でも同様でしょう。アメリカ企業が巨大化し続けているのは、もっともなことと思います。

米国株は経済ショックからの立ち直りが早い

アメリカ経済も２０００年のＩＴバブルの崩壊や２００８年のリーマン・ショックのような、大きな経済危機に何度も見舞われてきました。ところが立ち直りが早いのです。

ＩＴバブル崩壊のときは3年、リーマン・ショックの後でも5年後くらいから株価は回復し始め、長期的に見ると右肩上がりで経済成長を続けています。

よく日経平均とＮＹダウが比較されますが、グラフにしてみるとその差がはっきりとわかります。１９９０年代にはほとんど変わりがありませんでしたが、日経平均が

図表15　日経平均とNYダウの比較

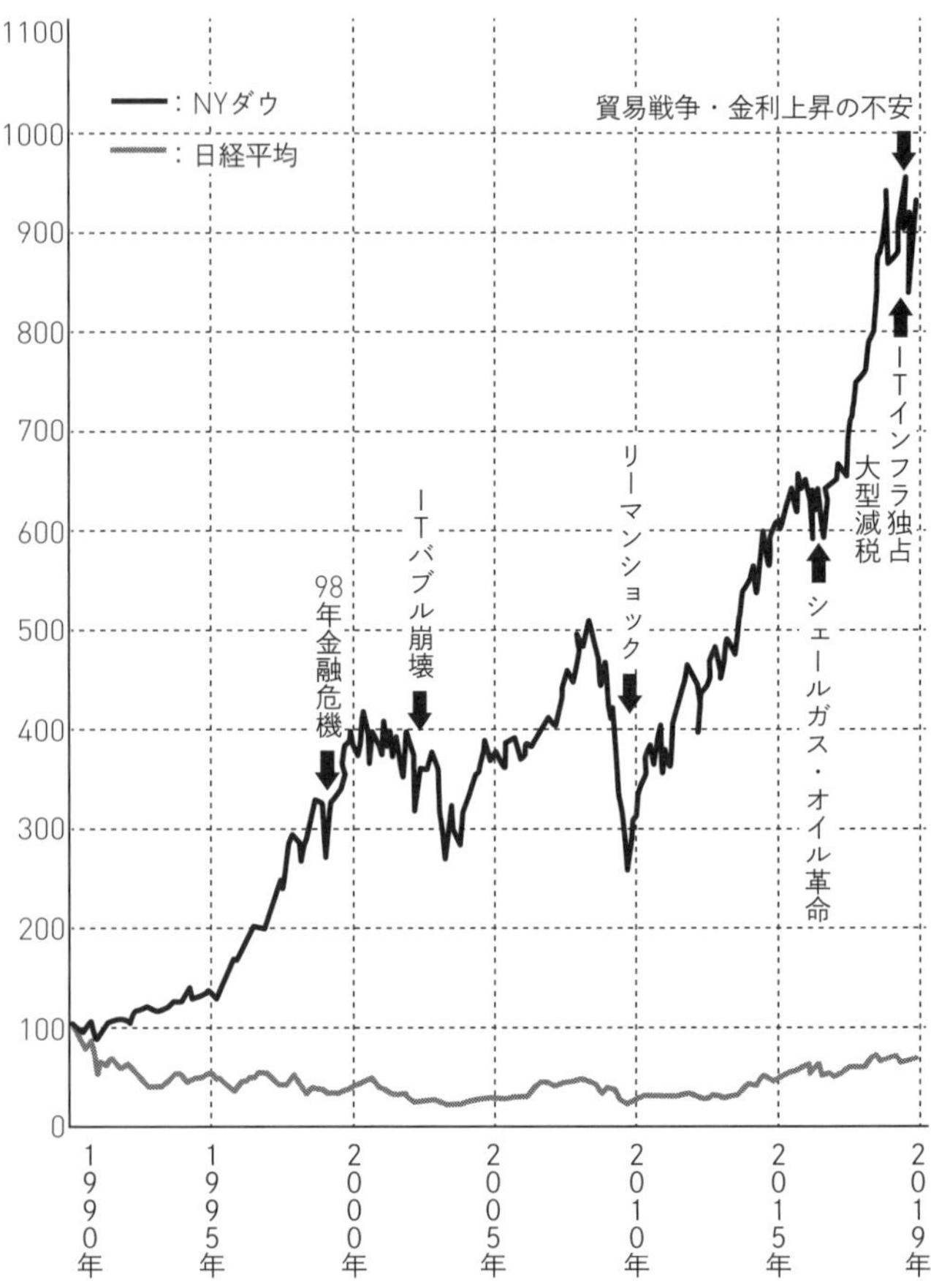

※1989年末の値を100とする

出典：『人生100年時代の着実なお金の作り方』石田昇吾（総合法令出版），2019, P148

平行、あるいは緩やかな下降をしているのに対して、NYダウはぐんぐんと上昇を続けて、今や圧倒的な差をつけられています。これはそのまま日本経済と米国経済、すなわち日本企業と米国企業の差と言えます。

なぜ立ち直りが早いのか?…イノベーションに強い

米国株は経済ショックからの立ち直りが早い。その理由として、私はイノベーションに強いということがあると思っています。

2000年のITバブルの後もYahoo!がグングン頭角を現しましたし、その次にきたのがAmazonです。インターネットが普及して多くの人がネット上で取引するようになって一気に広まり、さらにAppleがiPhoneを世に送り出しました。

iPhoneに代表されるスマホはまさに世界中の人のライフスタイルを変えたと言っても過言ではないでしょう。昔は電車に乗ったとき、本やマンガ雑誌、新聞を読む人が多かったですが、今ではスマホ一色になってしまいました。

それだけスマホに魅力があるということですが、先鞭をつけたのがiPhoneであり、その生みの親となったのがスティーブ・ジョブズという名の天才アメリカ人です。

ジョブズが設立したAppleがあったから、iPhoneができたことでアプリ産業が大きく成長し、そこに多くのＩＴ関連の起業家が集まってきました。彼らはシリコンバレーと呼ばれるアメリカのイノベーションの聖地に集まり、その場所で生まれたベンチャー企業が、今、世界有数の企業に成長しています。

アメリカは**自国を強くするための経済政策**も優れているだけでなく、**起業家を後押しする施策**も多いのです。アメリカンドリームという言葉がありますが、夢を求めて挑戦したい人がチャレンジできる土壌があると思います。

そもそもアメリカという国の成り立ちに「新天地を求めて」というのがあります。自分たちの国を勝ち取った人の末裔なので、新しいことを始めたり、イノベーションを起こしたりすることをよしとする血が脈々と流れているのでしょう。

「先進国で唯一人口が増加している」のも米国株が強い要因

先進国の多くの国で少子高齢化が進み、人口が減っています。しかし、中でもアメリカだけは先進国で唯一人口が増加しており、これが米国経済が強い要因になっています。

そもそも、なぜ先進国になると人口減になるのでしょうか。背景には、技術の進歩による経済発展、高学歴化、女性の社会進出などがあると言われています。暮らしが豊かになるにつれて、たくさんの国民が教育を受けられるようになると、子どもを持つ時期を自分で決める「バースコントロール」という概念を持つようになります。

出産がリスクを伴うのは今も同じですが、医療技術の進歩により先進国における乳幼児の死亡率は低くなりました。日本では子どもが生まれると7日目に「お七夜」のお祝いをしたり、数え年3歳・5歳・7歳で七五三のお祝いをしたりしますが、これは昔、乳幼児の死亡率が高かったころに「無事に成長しますように」との願いを込めて行われたものが、今に残っているのだそうです。

生まれてきた子どもが無事に育つようになったことも、先進国が「多産」から「少産」になった要因の一つです。

人口の増減と国力の関係

日本では毎年のように「合計特殊出生率」がニュースになります。合計特殊出生率とは15歳以上50歳未満の女性が一生に産む子どもの平均数で、人口統計上の指標となっている数値です。

2021年の日本の合計特殊出生率は1・30と前年よりも0・03ポイント低下し、過去で4番目に低い数値となりました。出生数も81万1604人と前年比2万9231人減り、6年連続で過去最少となっています。

「少子化をどう食い止めるか」は、日本にとっても他の先進国にとっても深刻な問題です。なぜならば、**人口問題は国の経済力に直結する**と言っても過言ではないからです。

「人口ボーナス」という言葉を聞いたことがありますか？　人口ボーナスとは国の総人口に占める生産年齢人口（日本の場合は15歳以上65歳未満）の割合が増え、人口増加率よりも高くなることにより、豊富な労働力が供給されることで経済成長が促されることを言います。

日本は１９６０年代後半から１９７０年代前半に、敗戦から立ち上がって奇跡的とも言われた高度経済成長を遂げましたが、これも人口ボーナスに寄与するところが大きかったと言われています。日本では第二次世界大戦後の１９４７年〜49年の3年間、ベビーブームによってたくさんの赤ちゃんが生まれました。いわゆる「団塊の世代」です。

日本が復興していくに従って主要産業が戦前の農林水産業から製造業へと移り、会社や工場での働き手が多く求められるようになりました。これに応えたのが戦後のべビーブームで生まれた若者たちだったのです。

製造業の進展による経済成長と人口ボーナスの時期が重なると、多くの雇用が生まれ労働生産性が高まり、消費が活発になります。消費が活発化すると、モノやサービスの需要が増え、ますます企業の利益が増えます。それは労働者の収入増につながり、大量の消費を生み出す中間所得層が増えていきます。経済の好循環です。

1990年代の中国でも同じことが起こり、GDP世界2位の大国となりました。経済成長と人口増は相互リンクしているのです。

人口増を続けるアメリカ

人口ボーナスによる著しい経済成長は、国が中間国から先進国へと変わるタイミングでしか起こりません。先進国になると教育レベルが上がりバースコントロールが一般化するなどの理由で少子化が起こり、人口減になるのは先ほどご説明した通りです。

しかし、先進国で唯一人口が増加し続けている国があります。それがアメリカです。アメリカの人口は1990年が2億5253万人、2000年が2億8198万人、

図表16　各国の人口推移

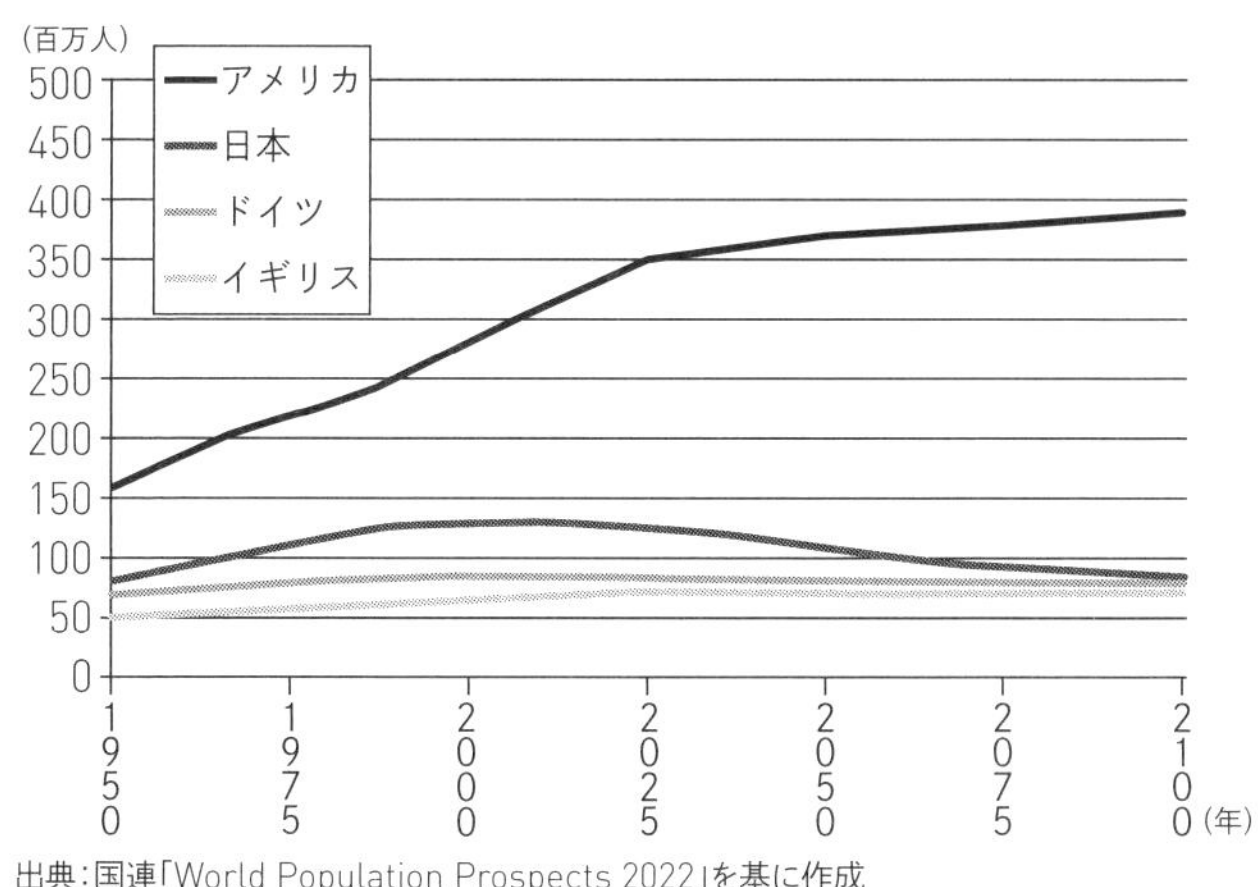

出典：国連「World Population Prospects 2022」を基に作成

2010年が3億864万人、2015年が3億1992万人、2020年が約3億3100万人と年を追うごとに増え続けています。

国連の「World Population Prospects 2022」では、2100年にはアメリカの人口は4億人近くになるとしています。

なぜ、アメリカは先進国なのに、人口が増加しているのか。理由は**「移民を受け入れているから」**です。アメリカでは毎年100万人前後の移民を受け入れており、これまでにアメリカに流入した移民の合計は5000万人を超えています。

アメリカでは**国籍の「出生地主義」**を採用していることも移民が多い理由の一つです。たとえ両親が外国人であったとしても、アメリカで出産すれば生まれた子はアメリカ国籍を取得することができるのです。

アメリカ国籍を取得したいと思う人が多いのは、やはりアメリカが経済大国でありこれからも経済成長していくと考えている人が多いからでしょう。

トータル的に考えると、アメリカの経済は今後数十年にわたって堅調に推移すると考えられます。

リスクの面でも安心な米国株

これらの理由からアメリカ株は長期にわたり成長していくことが期待できます。だからこそ、高配当・増配を続けられる企業が多いし、今後も多いと見込めるのです。

２０５０年、２１００年という未来まで人口増が予測され、ほぼ確実に世界一のトップランナーとして経済を引っ張っていく立場になる米国株への投資ほど、長期保有に向いている商品はないと言えるのではないでしょうか。

仮にあなたが今、30歳男性だとしましょう。７年後に37歳でＦＩＲＥしたら、西暦２０３０年です。現在、日本人男性の平均寿命は81歳なので、その時点での余命は44年。このモデルケースに当てはめるとしたら、あなたは西暦２０７４年までの世界を生きることになります。

日本はそのときどうなっているでしょうか。

衝撃的なデータがあります。直近（２０１７年）の内閣府が発表した「日本の将来推計人口」によると、日本の総人口は２０６５年には８８０８万人と推計されるというのです。２０２１年10月１日時点の総人口が約１億２５５０万人ですから、約30％減少することになります。

自国のことをこう言わなければならないのは胸が痛みますが、「大丈夫か？日本！」と思わないではいられません。少なくとも私は、投資対象を日本国内だけにとどめることは、先々を考えると怖くてできないのです。

何度も経済危機から立ち上がって経済を回復させ、「先進国は人口減に転じる」という一般的なセオリーを覆し人口増を続けてきたアメリカの株式に投資することは、誰にとっても強い経済的バックボーンになることでしょう。

「何もしない」と「十分なリターン」を同時に叶えるのが「米国株」高配当再投資法

「米国株」高配当再投資法は、証券口座の外国株取引口座を開き、毎月とボーナス時それぞれの積立額（買付額）を設定し、その通りに入金していけばOKです。

口座を開いた証券会社に銀行と連携できるしくみがあれば、自動的に銀行口座から引かれて自動的に買付が行われます。

配当は毎月支払われて口座に入金されるので、月に一度、日を決めて口座チェックをし、振り込まれた配当を再投資に回すようにします。

こうすることで「もう十分に資産ができた。これからはＦＩＲＥ生活だ！」と思ったときに、いつでもＦＩＲＥ生活をスタートすることができます。配当を再投資に回さず、生活資金に充てるようにすれば、ＦＩＲＥ生活の始まりです。**出口戦略を考える必要がない**、というのは大きいですね。

「配当投資」であることで〝ほったらかし〟で資金が作れる。かつ「再投資」と「米国株」であることで、短期間でＦＩＲＥするための十分なリターンも作ることができる。これが「配当投資」×「再投資」×「米国株」＝「米国株」高配当再投資法なら、〝ほったらかし〟でもＦＩＲＥできる理由なのです。

理由がわかっていただけたところで、次の第3章ではいよいよ、その具体的なやり方をご説明していきましょう。

PART
3

〝ほったらかし〟のまま
FIREする
「米国株」高配当再投資法

「ほったらかし投資FIRE」基本ロードマップ

第2章では「なぜ〝ほったらかし〟でもFIREできるのか？」をご説明しました。第3章ではいよいよ「ほったらかし投資」でFIREするための資金を作る方法について具体的にご説明していきます。

生活費となる配当金の目標金額については、「最低限のFIRE生活ができること」を前提に、**「毎月20万円の配当」**を得ることを基本として設定します。もちろん、「毎月20万円」という金額が生活費として十分かどうかは人によって異なるでしょう。中には「それでは足りない」という方もいると思います。

とはいえ、他のFIRE本には「FIREできる本」としながらも実は完全なFIREではなく、生活資金の半分をアルバイトなどで稼ぎ出す「サイドFIRE」だったり、毎月あるいは毎年の積立額が高額すぎて非現実的だったり、どう考えても副業をしないと絶対に積み立てられない金額だったりするものが散見されます。

そのため、**この本では実現可能で、なおかつ副業をしないで「完全なFIRE」が可能な方法をご提案することにしました。もちろん、〝ほったらかし〟のままFIREできることは大前提の上でです。**

繰り返しになりますが、ここでご提案するモデルケースはあくまでも「毎月20万円の配当」の最低限のFIRE生活を可能にするものです。こんな方法を取れば、最短でFIREできるというご提案と考えてください。

元手と積立額

私がご提案する、最短でFIREをするためのプランは次の通りです。

「ほったらかし投資FIRE」基本プラン（配当金＝毎月20万円）

・元手500万円

・毎月の積立額　5万円
・夏冬ボーナス全額
合計　年間200万円

元手の500万円に、毎月5万円で定期的に「米国株」高配当銘柄を買っていき、さらにボーナスの全額を入れていきます。年額の投資額は計200万円です。

こう言うと「年200万円も投資に回さなくちゃいけないのか……」と感じられる方がいるかも知れません。でもこの金額、独身で年収400万円の人であれば、そう無理なく捻出できるお金なのではないでしょうか。

実際、独身の方の場合、「ボーナスは全額貯金する」という人は多いように思います。そして、毎月の投資額が10万円などになってくると毎月の給与からの捻出は容易ではありませんが、月5万円でしたらできるという人も多いのではないでしょうか。

もし現時点で月5万円の捻出が難しければ、第5章で支出の見直しについてもセットでご提案しています。過度な節約などせずとも、今の生活を少し見直すだけで、無理なく5万円捻出することができますので、併せて参考にしてみてください。

DINKSの人が一番有利

「じゃあ、独身でない場合は難しいの？」と思われたかもしれませんが、そんなことはまったくありません。むしろ、場合によっては有利になります。私が思うに、「DINKS（夫婦共働きで、お子さんのいない世帯）」の方々がＦＩＲＥの条件としては一番有利なのではないでしょうか。

投資に回せるお金のことを「入金力」と言いますが、**夫婦2人の収入がある分、入金力が大きくなる**からです。夫婦2人で年間３００万円とか４００万円を投資に回せれば、資金が大きくなるスピードが速くなり、ＦＩＲＥ後に受け取れる金額も大きくなります。

これに対し、お子さんがいる世帯はたしかに少し大変になるかもしれません。とはいえ、夫婦2人の収入がありますので、収入だけで言えば先ほどの独身の場合よりも有利です。あとは、お子さんの習い事や家族の行事の何かしらを我慢する必要は出てくるかもしれませんが、もしそうなりそうな場合、ぜひ一度、第5章の支出管理も試してみてください。**独身の世帯に比べて、世帯の人数が多いわけですから、支出の見直しによる金額もそれだけ大きくなりますので、より効果は大きくなります。**

元手はどうやって作る？

一方、「元手の500万円を用意するのが大変……」と思った方も多いでしょう。たしかに、500万円というのは決して簡単な金額ではありません。しかし、これに対しては、給与からコツコツ貯めましょう、というのが私の回答になります。**というのも、実は500万円までは労働収入により作るのがオーソドックスだからです。**

「いやいや、投資で500万円作ればいいじゃん」と思われるかもしれませんが、500万円まではそもそもの投資に回せる金額自体が大きくありません。その大きくない投資額へのリターンも、当然大きなものは見込めません。運用による投資効果が出ないのです。実際、私の経験上、500万円までは労働収入で作る人がほとんどです。私自身もそうでした。

もちろん運用に回して作ってもかまわないのですが、くれぐれもハイリスク・ハイリターンの商品に投資することだけはやめてください。せっかくＦＩＲＥのための資金を作ろうと動き出したところなのに、その初期段階から投資で損失を被ってしまうとモチベーションが大きく下がってしまいます。

ＦＩＲＥどころか投資そのものがイヤになってしまうかもしれません。そうなると、あなたの人生にとってそれこそ大きな損失になってしまいます。一刻も早く５００万円の元手を作りたくなる気持ちはわかりますが、ここで焦って損をすると挫ける可能性が高いです。くれぐれも自重してください。

資金の運用の仕方

運用は、**今からご紹介する金融商品を毎月購入する**形で行います。その金融商品は**毎月配当が支払われるタイプ**のもので、**配当も再投資して資金を大きくしていく**というものです。配当を再投資するということは、元金が大きくなっていくということです。これは預貯金や投資信託の積み立てなどで、利息や分配金が元本に組み入れられて増えていく**「複利」と同じ効果を生みます。**

単利と複利の違い

ここで利息のつき方についてご説明しましょう。利息のつき方には元本に対してだけ利息が支払われる「単利」と、支払われた利息が元本に組み込まれて利息が出る「複利」の2種類があります。

図表17を見ていただくと、単利が「元本にのみ利息がつく」のに対し、複利は利息分が元本にプラスされ「元本+利息分」に対してさらなる利息がついていくことがおわかりいただけることでしょう。元本が利息を含んで大きくなっていくため、それにつく利息も時間経過とともに大きくなるというわけです。

後ほど詳しくご説明しますが、私がお勧めする「米国株」高配当銘柄は、自動的に配当(=利息と同義)が元本に組み込まれるわけではありません。配当は毎月支払われ口座に振り込まれます。その**振り込まれた配当を再投資することで複利と同様の効**

図表17 単利と複利

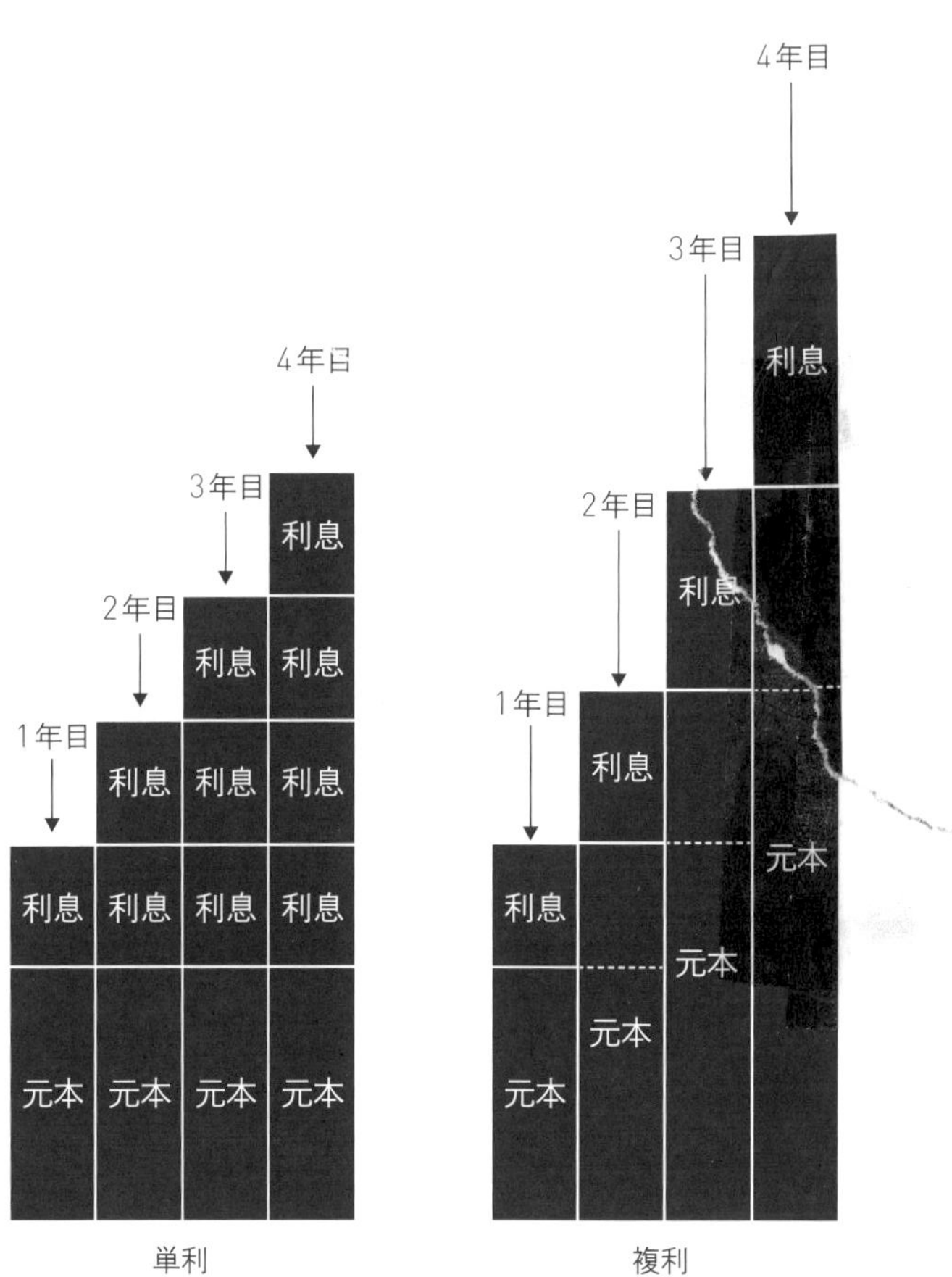
4年目
3年目
2年目
1年目
利息
利息
利息
利息
利息
利息
利息
利息
利息
利息
元本
元本
元本
元本
単利
4年目
3年目
2年目
1年目
利息
利息
利息
利息
元本
元本
元本
元本
複利

果を生み出そうというものです。

しかも毎月、配当を再投資に回すということは、「1か月複利」と同等の効果が得られるので、お金の増え方が一段と大きくなります。これについてもまた後ほどグラフなどを見ていただきながらご説明することとします。

配当12%の「QYLD」を使って資金を作る

この基本プランでは、「米国株」高配当銘柄の中でも、特に高配当である「QYLD」というETFに投資します。

ETFとはExchange Traded Fundの略で**「上場投資信託」**のことを言います。つまり、投資信託の一種です。「QYLD」をご理解いただくために、まずは「投資信

図表18 分散投資とは

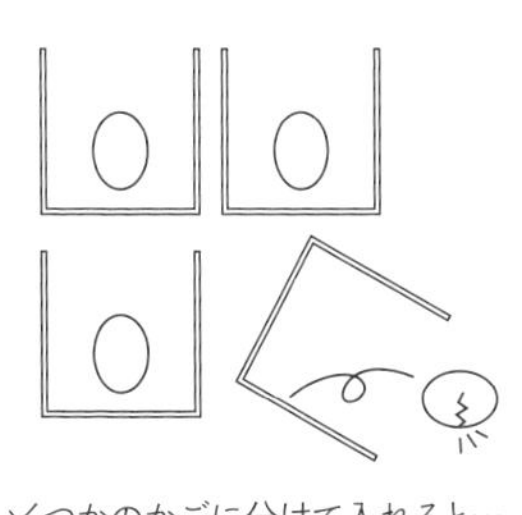
いくつかのかごに分けて入れると…

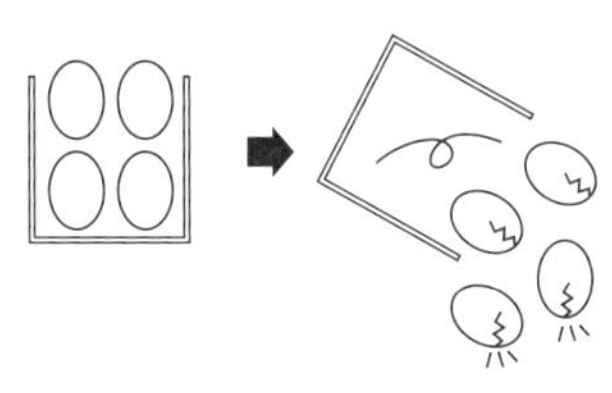
1つのかごに全ての卵を入れると…

託とは何か」をおさらいし、次に「ETFとは何か」、そして「QYLDとは何か」という順でご説明していきましょう。

投資信託とは、たくさんの人から集めたお金をひとまとめにして大きな資金にしたものを、運用の専門家（運用会社）が投資方針に基づいて株式や債券などに分散投資して運用する金融商品です。分散先は通常数十から数百の株式や債券など多岐にわたっています。

投資の世界には「1つのかごに全部の卵を盛るな」ということわざがあります。1つのかごに卵を全部入れてしまうと、かごを落としたときすべての卵が割れてしまいます。あらかじめ複数のかごに分けて入れておくことで、被害を最小限に抑えようという意味を持つことわざです。

まさにこのことを、新型コロナのときに私たちは経験しました。

単一銘柄に投資していた場合、特定の業界がダメージを受けると厳しい状況に追い込まれることが多いです。例えば今回の新型コロナでは航空業界とホテル業界、それに飲食業界が大きなダメージを受けました。

そうしたところに投資していた場合、経済全体のマイナスだけではなく、特定の業界であったがゆえのマイナスも併せて受けてしまう形になります。キャピタルゲイン（売却益）狙いだと、このようにマーケットの変化や経済の動きによって大きなダメージを受けることがあるのです。

単一銘柄への投資が「かごに全部盛られた卵」だとすると、投資信託は多数の株式や債券に分散投資する商品なので、「かごに分散して盛られた卵」となります。

なお、運用によって得られた利益は「分配金」として運用会社から投資家に還元されます。

図表19　ETFとは？

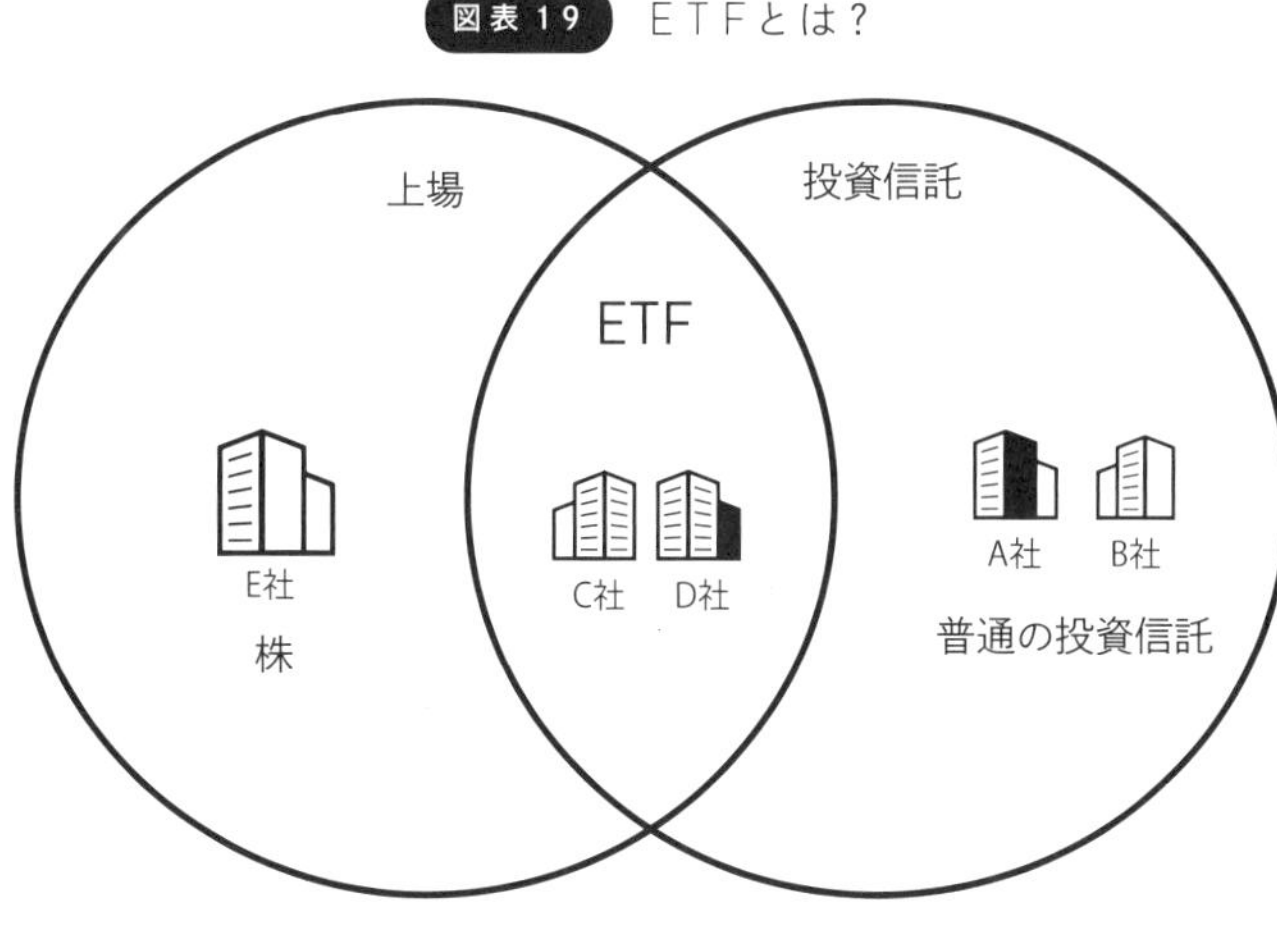

ETFとは？

ETFとは投資信託の中でも、「株式市場に上場している投資信託」です。「投資信託が上場？」と思われた方。心配ありません。ご説明しましょう。

先ほどお伝えしたように、投資信託の強みは「分散投資」にあり、だからこそ、リスクを低くすることができます。一方で、投資信託の価格は1日1回決められるしくみになっていて、株式投資のようにリアルタイムの価格（時価）で売り買いができません。

一方、株式投資は上場している企業の株を売買するので、こうしている今も値段が変わっていて、そのときに買いたい（あるいは売りたい）価格で取引ができます。一方で、株式投資は1社1社への投資になりますので、投資信託のように分散投資ができません。つまり、リスクが高いということです。

ＥＴＦは、従来上場はしていなかった投資信託が上場されることで、**投資信託と株式投資の両方の特徴を併せ持ったイメージです。**分散投資をしながらも、今買いたい（あるいは売りたい）価格で取引ができます。上場しているので株式市場が開いている間、自由に売買ができます。

「でも、この本の投資法はそもそも頻繁に売買をしない投資なんじゃないの？」と思われた方。その通りです。今は、ＥＴＦの本来の特徴をご理解いただくために、あえてこの説明をしましたが、実際、今回お勧めする金融商品はＥＴＦではありますが、一度投資したらずっと保有いただくことを前提としています（だからこそ、〝ほったらかし〟になります）。

「じゃあなんでＥＴＦなの？」と思われるかもしれません。それは「時価で売買できる」こととは別のＥＴＦのメリットを享受するためです。「別のメリット」とは何でしょうか。それは**「低コストで分散投資ができる」**ということです。

図表20 ETFと投資信託の違い

	投資信託	ETF
上場・非上場	非上場	上場
価格変動	1日1回	リアルタイム
取引時間	販売会社の決める時間	証券取引所取引時間内
販売会社	取扱証券会社、銀行等	証券会社
購入時手数料	安い〜高い	安い
信託報酬	一般的にETFより高い	一般的に投資信託より安い

例えば、S&P500連動ETFの「VOO」というETFは、S&P500という指数に連動しています。「連動している」というのは、そこに上場している企業全般に投資しているということです。つまり、「S&P500に連動している」というのは、すなわち**S&P500に上場している企業全般に分散投資をしている投資信託だということです。**だからこそ、S&P500とほぼ同じ値動きをします。

平たく言うと、「S&P500の上場企業（例えば、Google、Apple、Meta、Amazon、MicrosoftやTESLAなど）にまるっと一気に投資できる」ことを意味するのです。低コストで、しかもリスクを分散できる。こんな素晴らしい商品を利用しない手はありません。

さらに、利益に関しては、投資信託の利益が運用会社が発行主体となる「分配金」のみであるのに対し、ETFの場合、投資先によって「毎月」や「年に○回」などと決められた期間ごとに分配という形で支払われます。

つまり、リスクを抑えながら、配当までもらえてしまうのがETFなのです。

QYLDとは？

とはいえ一口に米国ETFと言ってもさまざまな商品があります。その中でも特に高配当なのが「QYLD」です。ちょっと覚えにくい名前ですね。正式名称は"Global X NASDAQ 100 Covered Call ETF"と言います。

QYLDはアメリカのグローバルX社の商品です。グローバルX社は2008年に創業したETFに特化した運用会社です。

QYLDの分配利回りは平均年12％程度。つまり、仮に2500万円QYLDに投資していたら、2500万円×12％＝年300万円が、分配金として得られます。毎月分配ですので、年300万円÷12か月＝月25万円です。

ちなみに、2022年8月10日時点の12か月利回りは約11・5％でした。高い成長力で知られるアメリカのS&P500に連動したインデックスファンドでもトータルの利回りは10・7％程度なので、QYLDの利回りがいかに驚異的かおわかりいただけることでしょう。**その驚異的な利回りをフルに生かして、少しでも早くFIREを達成しましょう、というのが基本プランでのご提案です。**

ではここでQYLDに関係してくる「米国の主要株価指数」についてご説明しましょう。

アメリカ株式市場には、3つの重要な株価指数があります。

①ダウ平均株価

ダウ平均株価はアメリカの株式市場の動きを表す株価指数で、日本の日経平均株価のようなものです。組み入れ銘柄はiPhoneで有名なアップルや、航空機メーカーなど、ニューヨーク証券取引所やNASDAQ市場に上場している合計30銘柄を対象に算出しているアメリカを代表する株価指数です。30銘柄は時代の流れに合わせて入れ替えが行われます。

アメリカの代表的な株価指数ではあるのですが、銘柄数が30と少ないため常に市場全体の動きを正確に反映しているとは言い切れない部分がある、という意見もあります。

②S&P500

S&Pダウ・ジョーンズ・インデックスという株式市場の指数やレポートを作っている会社が算出している株価指数です。ニューヨーク証券取引所と③のNASDAQ市場に上場している銘柄から選んだ、アメリカを代表する500銘柄で構成されています。

S&P500の組み入れ銘柄の時価総額は、アメリカ株式市場全体の約80%を占めているため、アメリカ市場全体の動きを反映していると言えるでしょう。

S&P500に連動したインデックスファンドは人気の金融商品で、日本でも「eMAXIS Slim（イーマクシススリム）」などの商品が投資家からのお金を集め、とても人気があることで知られています。

図表21 S&P500の構成上位10銘柄(2021年12月31日時点)

銘柄	業種
アップル	情報技術
マイクロソフト	情報技術
アマゾン・ドットコム	一般消費財
アルファベット　クラスA	コミュニケーション・サービス
テスラ	一般消費財
アルファベット　クラスC	コミュニケーション・サービス
メタ・プラットフォームズ	コミュニケーション・サービス
エヌビディア	情報技術
バークシャー・ハサウェイ	金融
ユナイテッドヘルス・グループ	ヘルスケア

出典:マネックス証券HP「S&P500とは?」を基に一部改変

③ナスダック（NASDAQ）総合指数

ナスダック総合指数とは、アメリカのNASDAQに上場する、アメリカおよびアメリカ国外の全上場銘柄で構成される時価総額加重平均指数のことを言います（「加重平均」とは、平均値の算出方法の一つで、平均する各項の条件の違いを考慮に入れ、対応する重みをつけてから平均することです）。基準日は1971年2月5日で、この日の終了時点を100として指数を算出します。

ハイテク株やIT関連株の占める割合が高いため、それらの業績動向が反映されやすいという特徴があります。QYLDは、このNASDAQに関連した金融商品です。

QYLDには、次のような商品特性があります。

①　NASDAQそのものを一部購入する

②　NASDAQに対応するコールオプションを売る

「それって一体、どういうこと？」と思われたかもしれませんね。大丈夫です。一つ一つご説明していきましょう。

ＱＹＬＤは「NASDAQの現物」と「コールオプション」の2つに投資する

ＱＹＬＤの主要銘柄は、「NASDAQ１００」を構成する銘柄です。図表22は上位10の構成銘柄ですが、ハイテク株の割合が高く、GAFAMと呼ばれるGoogle、Apple、Facebook、Amazon、Microsoftやテスラを中心とした大型ハイテク株が軒並み上位を占めているため、ＱＹＬＤへの投資はすなわちこれら大型ハイテク株に分散投資することを意味します。

先ほど私はＱＹＬＤの商品特性として、「① NASDAQそのものを一部購入する」とお伝えしました。

これはつまり、ＱＹＬＤに投資することで、まずは「NASDAQ１００」そのものを購入することになる、ということです。ただしそれは「一部」です。

購入資金の一部が「NASDAQ１００」の購入に回る、というふうに考えてください。

図表22 NASDAQ100 構成上位10銘柄

順位	銘柄名	ティッカー	比率
1	アップル	AAPL	16.30%
2	マイクロソフト	MSFT	11.58%
3	アマゾン・ドット・コム	AMZN	7.64%
4	テスラ	TSLA	5.18%
5	アルファベットA	GOOG	3.97%
6	アルファベットC	GOOGL	3.83%
7	メタプラットフォームズ	META	2.48%
8	エヌビディア	NVDA	2.42%
9	ペプシコ	PEP	1.39%
10	コストコ・ホールセール	COST	1.35%

※2022年8月24日時点
出典：Jトラストグローバル証券 HP「米国株価指数『S&P500』『NASDAQ100』インデックス投資」を基に一部改変

つまりNASDAQ１００の「現物を持つ」ことになるため、万が一、NASDAQ１００が値下がりして「リスクが高いので手放したい」と思った場合、現物を売ってリスクを低減することができます。

これがＱＹＬＤの特徴の１つ目です。

ＱＹＬＤの資産規模

ＱＹＬＤの運用金額は４２０億ドル。１ドル１４０円とした場合、日本円に換算すると約６兆円になります。金融商品が異なるので単純に比較はできませんが、日本で人気のＳ＆Ｐ５００に連動するインデックスファンド「eMAXIS Slim」の預かり資産が４６００億円程度。一方、アメリカのＳ＆Ｐ５００インデックスファンドは約30兆円なので、それにはおよびませんが引けを取らないくらい大きいと言えるでしょう。

NASDAQ の成長に期待しつつ、ＱＹＬＤの持つ高配当に魅力を感じている人が多いことの表れだと思います。

ＥＴＦとして上場するには条件があり、運用金額が小さくなると解散リスクにさらされてしまいます。また、規模が小さいと経済ショックが起こったとき、持ちこたえられないというのもあります。

実際、２００８年のリーマン・ショックのとき、ＥＴＦで上場廃止になったものがいくつもありました。リーマン・ショックは金融ショックだったので、金融に特化したＥＴＦは軒並みダメになりました。

そういう点でも**ＱＹＬＤは母体が大きいので安定感がある**と言えるでしょう。

コールオプションとは?

次にＱＹＬＤのもう一つの特徴である「コールオプション」の商品性についてご説明しましょう。ＱＹＬＤはNASDAQの現物を保有し、NASDAQのコールオプションを売るという取引を組み入れた商品です。

この取引は「カバード・コール戦略」と呼ばれるものです。

カバード・コール戦略とは、原資産（株式、債券、通貨など）を保有しつつ、コールオプションを売る戦略です。保有する原資産について、権利行使価格以上の値上がり益を放棄する対価としてオプションプレミアムを受け取るというものです。

例えば、コールオプションのしくみのない、通常のNASDAQ関連のETFであれば、NASDAQが上昇すれば、当然、その上昇分は自らの利益になります。この時点でNASDAQを売却すれば、その差が投資家の儲けとなります。

ところがコールオプションのしくみを利用した金融商品の場合、そうはなりません。一定額以上の**値上がり益をもらう権利を他の人に売る約束をすることによって放棄する代わりに、「オプションプレミアム」**がもらえるしくみになっています。

このしくみが「カバード・コール戦略」で、この戦略にのっとっているからこそ、ＱＹＬＤは**分配年12％**という高配当を実現することができるのです。

オプション商品とは？

ここでオプション商品とは何かということについてご説明します。

オプション商品は金融派生商品の一つです。オプション商品を使った取引を「オプション取引」と言い、「あらかじめ決められた期日（満期日）に、あらかじめ決められた価格（権利行使価格）で取引をする権利を、当事者同士でやり取りすること」を定めるものです。買う権利をコールオプション、売る権利はプットオプションと呼ばれます。

これだけ読んでもさっぱり意味がわからないですよね。わかりやすくガソリン価格に置き換えてご説明しましょう。

「権利を売る」、「権利を買う」ってどういうこと？

あるガソリンスタンドの店先で、Aさんがこう言いました。

「最近、ガソリンが値上がりしているわね。うちは毎日、子どもの塾の送り迎えがあるから家計に響いて困っちゃうわ。今は160円だけど、これからが心配で」

するとガソリンスタンド店主であるBさんがこんな提案をしてきました。

「うちには来月末までなら、今の価格で予約できるシステムがありますよ。それなら来月いくらになっても1ℓ160円です。今より値下がりしていたらキャンセルしてもいいですよ。ただし、予約手数料500円を払っていただくことになるのですが、どうですか？」

今の会話から権利の売買についてまとめてみましょう。

・客の側・・・1か月後に現在価格（160円）でガソリンを購入する権利を500円で買う
・店主側・・・1か月後に現在価格（160円）でガソリンを購入する権利を500円で売る

ごく簡潔に言えば、権利を買う・権利を売るというのはこのようなことです。

現物を持っていなくてもできる「通常の」オプション取引

権利の売買について理解していただいたところで、株のオプション取引についてご説明しましょう。

通常のオプション取引とは、現物株を持っていなくてもできる取引です。例えばA社の株が現在2000円だったとしましょう。A社は今、商品がヒットして株価急騰中です。

このときあなたがA社の株を持っていなかったとしても、「1か月後に2500円で買う権利を100円で売る」というオプション取引をすることができるのです。

この権利を買いたい人はどんな人だと思いますか？　1か月後にA社の株が爆上がりするんじゃないかと考えている人ですね。Bさんは A 社の商品の大ファンです。そこで「1か月後にA社の株価は3000円になるのでは？」と考え、「今なら2500円で買えるとは悪くない戦略だ。100円の手数料を払ってでも、買う約束をしよう」と決めました。

ところが、1か月後にA社の株価は1800円に値下がりしました。1か月後に3000円になると期待していたBさんはがっかりしました。約束通り2500円で買うなんて大損もいいところです。

こんなとき、買う側のBさんは買う権利を放棄することができます。2500円で買ってしまったら、2500円－1800円＋権利を購入する価格100円で800円の損失になりますが、権利を放棄してしまえば損をするのは最初に払った100円で済みます。

一方、あなたはどうなるでしょうか？　「買う権利を売った」だけで100円もうかりました。現物はないのに、です。

こうして儲かった100円を**「プレミアム」**と言います。

ちょっといいと思いませんか？　株の現物を買っていないので、その分のコストもかからずにお金が入ってくるのです。

「株の現物がない」オプション取引のリスク

ところが「株の現物がない」ということの裏には、リスクもあります。

例えば約束の1か月後に株価が高騰していた場合です。A社の株価は3000円になってしまいました。買う予定だった人はウハウハですよね。時価3000円の株が2500円で買えるのですから、当然「買う権利」を行使するでしょう。

でもあなたはその人に売るべき株を持っていません。そうなるとあなたは3000円になった株を購入して、相手に2500円で売らなければならなくなるのです。

もっと怖いことが起こる可能性もあります。もしかしたら株価は3000円どころか1万円になってしまうかもしれませんし、それ以上になることもあり得ます。つまり「損失の可能性は無限大」ということです。

ここまでがオプション取引の説明です。**株の現物を持たない通常のオプション取引は損失の可能性が無限大。**ここをしっかり押さえておいてください。「でも、QYLDはそこが違う」というのがポイントです。

株の現物も持つカバード・コール

リスクの高い通常のオプション取引に対して、「カバード・コール」は株の現物を使うことでリスクを回避（限定的に）します。

それは次のようなしくみになっているからです。

先ほどの例で言えば、カバード・コールの商品を使うと、あなたはA社の現物株を持つことになります。あなたが2000円で買った株を、「1か月後に2500円で売る」約束をしたところ、1か月後に3000円になりました。当然、相手は買う権利を実行するでしょう。

そのときあなたは現物株を渡すことになります。するとどうなるでしょう。

100円+2500円（Bさんがあなたに払った額）－2000円（あなたの購入金額）

＝600円

600円の差益となりました。

株の現物を持つことのメリットはこういう点にあります。

損失のリスクが低くなる一方、利益が限定的になるという特徴があります。

ＱＹＬＤは市況に左右されず配当が得られる

さてここからは、ＱＹＬＤの商品に沿ってお話ししていきましょう。

先ほど、カバード・コールは損失のリスクが低くなる一方、売却による利益が限定的になる、とご説明しました。

利益が限定されるのは、現物の値上がり益を放棄している商品だからです。

通常、NASDAQを持っている場合、NASDAQ指数が上がると値上がりします。安いときに購入して、高くなってから売却すれば、売却益（キャピタルゲイン）が得られます。

ところが**ＱＹＬＤはNASDAQの現物を持っているにもかかわらず、得られるキャピタルゲインに上限を設ける一方、リスクが限定的になるという商品なのです。**

例えばこんなことです。わかりやすく円を使ってご説明しましょう。

CさんはQYLDを買うことにしました。QYLDは「1か月後に、NASDAQを売る権利（オプション）を買う商品」です。Cさんには「NASDAQを売る権利を買いたい人」であるDさんがあらかじめ支払うプレミアム（権利価格）が入ってきます。そのプレミアムはこんな理屈で成り立っています。

Cさん「私はあなたに1か月後、NASDAQを10万円で売ります。その場合、5万円までの値上がり益は私がもらいますが、それ以上になっていた場合、超えた分は放棄してあなたにあげます。ただし、その権利を3万円で買ってください」

このケースでは「3万円」がプレミアムであり、毎月支払われる配当としてCさんに入ってくるというわけです。

仮にNASDAQが約束の期日に20万円になっていた場合、本来ならCさんの資産は10万円から20万円に増えるはずです。しかし5万円を超える利益は放棄しているので、資産は15万円にしかなりません。それにプラスしてプレミアム（権利売却益）の3万円が配当として口座に振り込まれます。

逆にNASDAQの価格が5万円に下落した場合はどうなるでしょうか。買い手のD

さんはわざわざ下落したNASDAQを買う権利を行使はしないでしょう。ただし、すでに購入する権利として3万円は払っています。その3万円は売り手であるあなたに入ります。

ＥＴＦ現物が下落したとしても、プレミアム分が利益として得られるというわけです。

ＱＹＬＤは一定以上の値上がり益は放棄する商品なので、キャピタルゲインを狙うのには向きません。実際に、ＱＹＬＤの銘柄自体の株価上昇はあまり見込めません。**ただしプレミアムは手に入ります。そのプレミアムが分配年平均12%という驚異的な数字を実現させている商品なのです。**

買い手がいる理由

ＱＹＬＤは商品の特性上、買う権利を購入したい相手＝買い手がいてこそ利益の出る商品です。そうなると「常に買い手がいるかどうか」がとても気になりますね。

でも安心してください。**そもそもNASDAQの値上がりに期待しない人は少ないので、買いたい人はたくさんいます。**

先ほどご説明した通り、**NASDAQの構成銘柄はほとんどが成長を期待されるテクノロジー企業だからです。**今一度、組み入れ銘柄を挙げておきましょう。

Apple、Microsoft、Amazon、テスラ、Google、メタ、NVIDIA、ペプシコ、コストコなどで全体の株価の50％くらいになっており、テクノロジー銘柄中心で構成されています。

この10年、世の中を牽引してきたのはテクノロジー産業なので、今後もさらなる成長に期待している投資家は多いでしょう。

QYLDは分配利回りが大きいので7年でFIREできる

では、QYLDのメリットについて見ていきましょう。

マーケットが下がっても分配金が得られる

QYLDの最大のメリットは、マーケットが下がっていようが停滞していようが、オプションを売却することによってどのような市況でもリターンが得られるという点にあります。しかもその配当利回りが年平均12％程度というのは「すごい」としか言いようがありません。

実際、株価が下がって他の投資商品の価値が下がっているときも、QYLDの分配金によってトータル資産が減少することの緩和剤と言いますか、クッションのような役割を果たしてくれているのを実感しています。

また、オプション取引とはいえ、**NASDAQの現物を持っているという安心感も大きいです。**

S&P500と比較してみよう

次の図表はQYLDの配当を再投資した場合と、S&P500を自動積立した場合の資産額の成長を比較したものです。

まずは表を見ていただくことにしましょう。

QYLD、S&P500ともに、元金500万円、投資金額は「月額5万円+ボーナス時70万円×2回=200万円」とします。実際は株価の変動があるので、比較内容が変わるかもしれませんが、今回は比較をするため、株価の変動は考えないこととします。

QYLDは毎月1回出る配当を、そのまま再投資に回します。つまり現時点の分配

図表23 QYLDとS&P500の資産額の成長推移

【条件】QYLD
・元金500万円
・分配年12%
・毎月1%を複利
・税金28.3%

【条件】S&P500
・元金500万円
・年率成長10.7%

QYLD				S&P500	
月	投資額（元金500万円+月5万円+ボーナス夏冬）	分配金（月）	資産合計（投資額+分配金）	月	資産合計（投資額+分配金）
1か月目	¥5,050,000	¥36,209	¥5,086,209	1か月目	¥5,050,000
2か月目	¥5,136,209	¥36,827	¥5,173,035	2か月目	¥5,100,000
3か月目	¥5,223,035	¥37,449	¥5,260,484	3か月目	¥5,150,000
4か月目	¥5,310,484	¥38,076	¥5,348,560	4か月目	¥5,200,000
5か月目	¥5,398,560	¥38,708	¥5,437,268	5か月目	¥5,250,000
6か月目	¥6,187,268	¥44,363	¥6,231,631	6か月目	¥6,000,000
7か月目	¥6,281,631	¥45,039	¥6,326,670	7か月目	¥6,050,000
8か月目	¥6,376,670	¥45,721	¥6,422,391	8か月目	¥6,100,000
9か月目	¥6,472,391	¥46,407	¥6,518,798	9か月目	¥6,150,000
10か月目	¥6,568,798	¥47,098	¥6,615,896	10か月目	¥6,200,000
11か月目	¥6,665,896	¥47,794	¥6,713,691	11か月目	¥6,250,000
12か月目	¥7,463,691	¥53,515	¥7,517,205	12か月目	¥7,749,000
74か月目	¥24,186,463	¥173,417	¥24,359,880	74か月目	¥26,688,326
75か月目	¥24,409,880	¥175,019	¥24,584,899	75か月目	¥26,738,326
76か月目	¥24,634,899	¥176,632	¥24,811,531	76か月目	¥26,788,326
77か月目	¥24,861,531	¥178,257	¥25,039,789	77か月目	¥26,838,326
78か月目	¥25,789,789	¥184,913	¥25,974,701	78か月目	¥27,588,326
79か月目	¥26,024,701	¥186,597	¥26,211,298	79か月目	¥27,638,326
80か月目	¥26,261,298	¥188,294	¥26,449,592	80か月目	¥27,688,326
81か月目	¥26,499,592	¥190,002	¥26,689,594	81か月目	¥27,738,326
82か月目	¥26,739,594	¥191,723	¥26,931,317	82か月目	¥27,788,326
83か月目	¥26,981,317	¥193,456	¥27,174,773	83か月目	¥27,838,326
84か月目	¥27,924,773	¥200,221	¥28,124,994	84か月目	¥31,647,277

利回りですと1％複利と同じ運用効果が得られるということです。分配利回りをこれまでの実績平均から12％と設定したので1か月あたり1％。分配金からは米国・日本の双方から合計28・3％の税金が引かれます。図表の「資産合計」は「投資額」と「分配金」の合計になります。

一方、S&P500の年平均利回りは1957年にS&P500が設定されてからの平均リターンである10・7％に設定して計算してみました。日本のS&P500インデックスファンドは「分配金無し」の商品がほとんどなので今回の計算ではリターンを年末に1度掛けています。もちろん分配金がないので売却時まで税金は発生しません。

さて、同じ金額を投資したとき、お金の増え方はどうなるでしょうか。

まず1か月後をチェックしましょう。QYLDは1か月目に積立金5万円＋3万6209円の分配金が出ているので、資産合計額は508万6209円。一方、S&P500は積立金の5万円がプラスされるにとどまっています。

次に12か月後を見てみましょう。ここで初めてS&P500にリターンを掛けていきます。この時点での資産額は774万9000円。一方、QYLDはというと、751万7205円。

また、この本の目標である、「7年でFIRE」にあたる84か月後はどうなっているでしょうか。S&P500が3164万7277円であるのに対し、QYLDは2812万4994円、その差は352万2283円となりました。

「あれ？ 資産の増え方がより大きいなら、S&P500のほうがいいのでは？」と思われるかもしれません。たしかに、単純に資産合計だけで見ると、その通りです。

インデックスはFIREに12年、QYLDなら7年で

しかし、「FIREを達成するまでの期間」で言うと、QYLDのほうが短い期間で達成できます。

すでにご説明したように、ＱＹＬＤを使ってＦＩＲＥを達成するには、投資をストップし、再投資していた分配金を投資に回さず生活費に充てればＯＫです。

図表24にあるように、これまでの年平均利回り12％で推移した場合、７年後（84か月後）には１か月に得られる分配金の額は税引き後20万円になります。最低限のＦＩＲＥが達成できる金額です。

一方、Ｓ＆Ｐ５００の場合、積立をストップした上に、資産を一定割合ずつ取り崩して生活費に充てる必要が出てきます。その際、取り崩す割合は「４％ルール」に基づきます。毎年、資産の４％を取り崩し、残りの資産の運用を続けていけば、資金が底を突くことはない、とされている考え方です。

では４％ルールで月20万円が得られるよう、Ｓ＆Ｐ５００で資産形成していくと、一体何年かかるのでしょうか？　表に答えが出ていますね。**12年です。ＱＹＬＤよりも5年多く時間がかかってしまう**のです。

ではＱＹＬＤで同じく12年間投資をし続けたら毎月の配当がいくらになるかを、表で確認してみましょう。何と40万円近くなります！

利回りの高さと１か月複利の効果と言えるでしょう。

図表24 「QYLD」でFIREを目指す場合

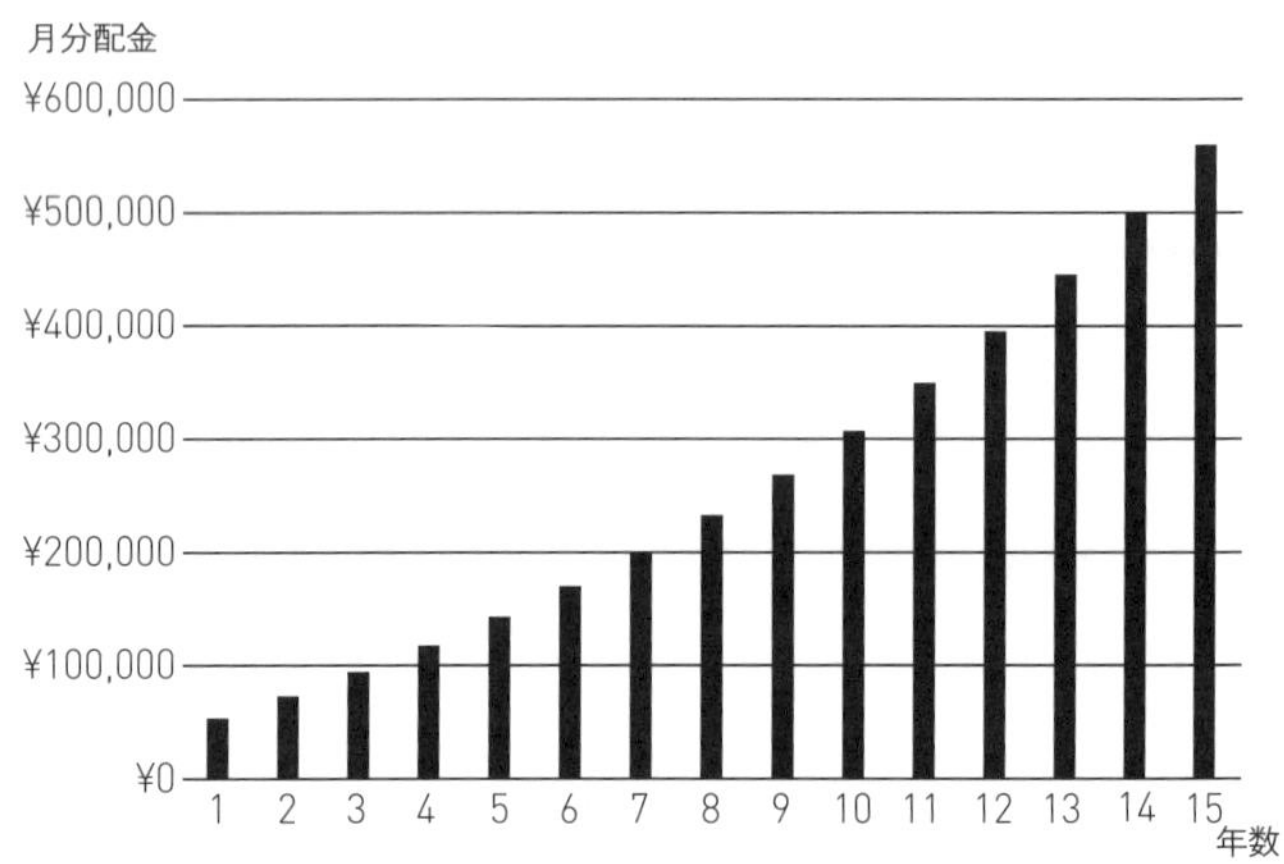

S&P500でFIREを目指す場合

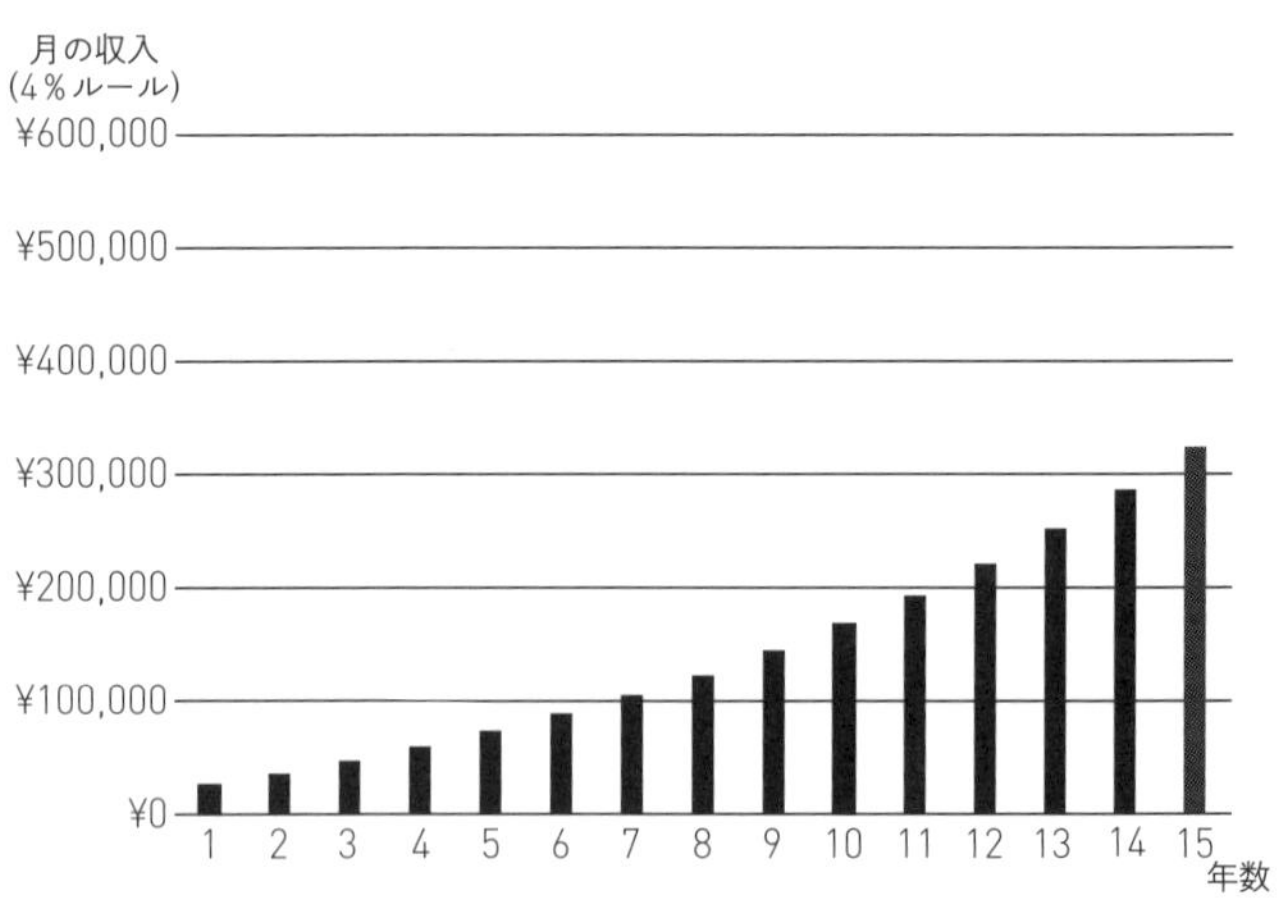

あえてQYLDのデメリットも言います

あえて、QYLDのデメリットについてもご説明したいと思います。

売却益が期待できない

QYLDの一番のデメリットは値上がり益が期待できないということです。

先ほどご説明したように、この商品は「買う権利を売る」商品です。一定以上の値上がり益を放棄することによって、買い手の支払う権利金が配当として入ってくるしくみです。そのため、「値上がり益を得る」という概念がそもそもありません。

値上がりによる売却益を得られないというのは、デメリットと言えるでしょう。

さらに下落相場では現物で保有しているNASDAQの価格が下落しますので、QY

LDの価格も下落していきます。株価の値上がり益を放棄している上に下落相場では原資産価格の下落というリスクも存在します。利回りの高さには目を見張るものがありますが、弱点やリスクもありますので、ご紹介したS&P500との対比図表のようになるとは限りません。先ほどの図表では、株価が市況によって下落することを含めず、利回りのみで比較しているからです。もしかしたら市況によっては分配金を含めたリターンも減るかもしれません。

とはいえ、私はこうしたQYLDの商品性こそが日本人にマッチしているのではないかと感じます。今の時代、安易に「○○人は」とひとくくりに語るのは誤解を招くリスクが高いことはよく承知しています。それでもあえて「日本人に向く」と言いたいのです。

というのも不動産についても、欧米人と日本人では利益の取り方が違うと感じるからです。欧米の人には「不動産＝転がすもの」と考える人が多く、賃貸に出して家賃収入を得るよりも、売却益を得るほうを好みます。

逆に日本人の不動産投資のやり方は、不動産を転がさずに長く保有し、家賃収入を得ることが多いのではないでしょうか。安定した毎月の収入として家賃収入を好むイメージです。

こんなふうにディフェンシブな日本人には、ＱＹＬＤへの投資で毎月配当をもらうのが合っているのではないかと思うのです。

そもそもこの私も、ドカン！と一発当ててＦＩＲＥの資金を作ろうと、株式投資やＦＸ、仮想通貨などさまざまな投資を経験しましたが、結局、マーケットに振り回されて体も心も疲れ果てたのは、すでにお話しした通りです。

その意味では、ＱＹＬＤの「売却益を期待できない」というのはさほどデメリットにはならないかもしれないとも感じます。売却益を狙う投資法よりも、配当を得る安心を選んだわけですから。

トータルリターンが NASDAQ 現物よりも低い

何度もご説明しているように、ＱＹＬＤは NASDAQ のカバード・コール・オプションです。NASDAQ の現物も併せ持つことで損失リスクを限定していますが、その分、利益にも上限があります。

となると、「配当＋売却益」のトータルリターンはNASDAQよりも下回ることになります。これがデメリットの2つ目です。NASDAQ１００に連動する「ＱＱＱ」というＥＴＦがありますが、こちらとトータルのパフォーマンスを比較するとＱＹＬＤはＱＱＱに大きく劣後します。資産を大きく伸ばしたい方はシンプルにＱＱＱを長期保有したほうが、将来的な値上がり益の最大化を狙うことができるでしょう。

経費が若干高め

ＱＹＬＤの手数料は0・6％なので経費率は高めと言えます。パフォーマンスへの影響は否めません。世界的にも人気の高い大型ＥＴＦは0・03％や0・09％など経費率が低い商品も多いです。そしてこの経費は「毎年かかるもの」です。パフォーマンスがよくても、悪くてもかかるものなので何年も保有する場合は経費率も意識されることが多いです。ＱＹＬＤは主要なＥＴＦに比べると経費率は高いので、それでもいいと納得した上で投資をするのがいいでしょう。

減配リスクがある

多くの企業は利益の中から株主への還元策として定期的に配当を出しますが、業績悪化などを理由にこの配当を減らすことを「減配」と言います。減配を発表した企業は失望感や先行きへの不安から、株式が売られる傾向にあります。

しかしＱＹＬＤをはじめＥＴＦなどのファンドにおける減配は通常の株の減配と少し違います。ＥＴＦの分配金はファンドの運用資産から一部を取り崩す、という形で支払われていますので、大きな急落相場や下落相場のような、ファンドの基準価額が下がりすぎている局面では「減配をすることで、運用資産を分配金の払いすぎで減らさないように調整する必要がある」のです。ファンドが運用を続けていくためには、分配金を支払い続けることで運用資産が減少しないように、支払う分配金と基準価額のバランスを取ることも必要なことです。

QYLDに向いている人・向いていない人

私自身はQYLDを**「投資家心理にマッチした投資商品」**と感じています。

マーケットが下がっているとき、投資家のモチベーションも当然下がります。どんなに頑張っても下がるときは下がるからです。

「これならリベンジできるはず！」と割安株を買ってみたり、目を皿のようにして夜も寝ずにチャートを見たりして売買のタイミングをはかっても、勝てないときはどうしても勝てません。私の場合、それがすごくストレスになりました。

投資家の心理として、それなりの成果が得られないとモチベーションが維持できません。だから「さあ！投資しよう‼」と勢い込んで始めても、なかなか長続きする人は多くありません。キャピタルゲインにばかり目を向けてしまうことによって、値下がりしたときのショックに耐えられなくなるからです。また、目標資産を作るまでの期間が長すぎて途中で挫折する人などもたくさんいます。

そもそも大きな経済ショックを避けて通ることは誰もできないので、100%勝てる人なんていないるはずもありません。なので、どうやって発想を転換するかが大切だと思いますし、投資を続けることができている人は、自分なりのモチベーション維持法がわかっている人だと思います。

私もそうですが、**値動きに一喜一憂して手持ち資産の価格が「減っちゃった‼」とダメージを受けやすい人には、配当投資は向いていると思います。**株の値動きにフィックスするのではなく、配当に目を向けられるからです。

最近は高配当投資に注目が集まっているのを感じます。個人投資家でSNSやブログなどで情報発信をしている人の中でも、「今月○万円の配当金をもらいました。すごくうれしいです！」などと書いている方の投稿に「いいね！」がたくさんついていたり、アカウントにフォロワーさんの数がどんどん増えていったりしています。

一方、株式市場が停滞したり株価が下がったりしても気にならないという人や、株価上昇局面での利益が限定されることがイヤだという方は、あえてQYLDをやる必要はないと思います。QYLDはその商品の特性上、停滞相場や、緩やかな下落相場、回復相場や上昇相場ではリターンの高さや強みを発揮することができますが、２０２０年や２０２１年のような、超上昇相場の場面では、利益が限定されてしまうので株価成長期待に投資をしたいキャピタルゲイン志向の方には向かないでしょう。特に20代30代の若い世代であれば、まだまだ挽回ができますから、キャピタルゲインを狙った投資をしてみたくなるでしょう。

別に早めのリタイアなど望んでいない、という人もやる必要はないでしょう。S&P５００などのインデックス投資で長期間かけて資産形成していけばいいのではないでしょうか。

QYLD体験者の声

私の周りでも、たくさんの人がＱＹＬＤへの投資をしています。体験者の声を聞いてみましょう。

「QYLDで毎月15万円の配当が得られ、とても安心でき、会社員を辞めてフリーランスに。月15万円でも地方一人暮らしなので生活は問題なく、自分が本当にやりたいことができるようになった幸せを感じています」（Aさん　41歳・フリーランサー）

「QYLDでの配当が月に7万円ほど。配当が減るリスクなどはわかっているけれど、収入のゆとりがあることでたまに旅行にも行けています。使わない分は再投資をしています。インデックス投資が資産を増やすのに効率がいいことはわかっているのですが、高配当の魅力も捨てがたく、QYLDを選びました」（Bさん　33歳・現役会社員）

「QYLDで月に15万円ほどの配当収入があります。もうすぐ年金ももらえるので完全引退までの間の収入を賄う目的で利用しています。減配などのリスクはあるけどインデックスの成長を待つ時間が自分にいくら残されているかわかりませんし、それよりも一定金額の収入があることで安心が得られるほうが自分にとっての意味が大き

かったです」（Cさん　64歳・再雇用中）

「QYLDで月に8万円の配当を得ています。自分の事業が安定しない中でETFからの配当があることはとてもありがたいです。おかげさまで自分の仕事に集中できています。投資はインデックスが最適だということはよく言われるし、そうだと思う部分もありますが、人によって状況が異なるため、安心につながって買われている側面は多いかなと思いました」（Dさん　36歳・自営業）

証券会社はどこがいい？

証券会社については、よく言われているSBI証券、楽天証券、マネックス証券の「三大ネット証券」のうち、お好みのところを選ぶようにするといいでしょう。

ところで、マネックス証券では2022年9月1日から、それまでの米国ETFの買付手数料を全額キャッシュバックする「米国ETF買付応援プログラム」を「米国株ETF買い放題プログラム」と名称変更し、その中にQYLDを採用しました。

これで高めだったＱＹＬＤの買付手数料が実質無料に。私自身はもともと別の証券会社と取引をしているので、活用してはいませんが、お得度の高いサービス導入で、ますますＱＹＬＤの人気が高まりそうです。

３社とも規模が大きく、手軽に米国株にアクセスすることができ、米国株の取り扱い幅が広いという点でお勧めです。

またいずれも独自のポイント制を持っているので、ご自分のライフスタイルや投資スタイルに合ったところを選ぶようにすると、ちょっとお得な投資生活を送ることができるでしょう。

なお、すでに証券会社に証券口座を持っていたとしても、ただちに米国ＥＴＦが買えるわけではありません。「外国株式口座」を別途開設する必要がありますのでご注意ください。

PART 4

ほったらかし投資 FIRE 応用編

ＱＹＬＤ以外にもたくさんある「米国株」高配当銘柄

ここまでＱＹＬＤを利用してＦＩＲＥする方法についてお話ししてきましたが、中にはＱＹＬＤ以外でのＦＩＲＥのパターンも知りたいと思われる方もいることでしょう。

そこでこの章では、ＱＹＬＤ以外の米国株を組み合わせたり、投資に回す金額を変えたりして、ＦＩＲＥを実現する方法をご紹介していきます。ケーススタディは後ほど見ていただくとして、まずはＱＹＬＤ以外にどんな高配当銘柄があるのかをご紹介しましょう。

ＱＹＬＤ以外のＥＴＦを利用するなら？

経済指標としてNASDAQよりもよく知られているものとして、S&P500があることは皆さんもよくご存じでしょう。そのS&P500インデックスにもカバード・コールETFがあります。それが「XYLD」です。

QYLD同様、グローバルX社の商品で、これまでの平均利回りは12%程度と、QYLDに引けを取りません。

個別銘柄なら？

アメリカには高配当の個別銘柄がたくさんあります。いくつかご紹介しましょう。

①　PXD（パイオニア・ナチュラル・リソーシズ）　配当率　8・42%

事業内容はシェールガス。石油やガスの探査、生産を行っている会社です。主にテキサス州西部のパーミアン盆地で事業を展開しています。市場はアメリカ国内。天然ガス液（NGL）が主力商品。

②　MO（アルトリア・グループ）　配当率　8・29%

事業内容はたばこ。持株会社アルトリア・グループに属し、子会社に紙巻たばこの銘柄で有名なフィリップモリス、葉巻とパイプたばこの製造・販売を行うジョン・ミドルトンが含まれます。

③　GSK（グラクソ・スミスクライン）　配当率　7・84%

事業内容は製薬。会社名の「GSK」は「グラクソ・スミスクライン」の略。医療用医薬品をはじめ、一般用医薬品、ヘルスケア製品までを扱う、一大グローバル製薬会社です。

製品は世界およそ150の国と地域に流通し、従業員は全世界で約9万9000人。日本法人は現在約2500人を擁し、日本国内においても業績を伸ばしています。こちらはイギリスの会社がADRとして米国に上場させている企業となります。

④　VZ（ベライゾン・コミュニケーションズ）　配当率　6・12%

事業内容は通信。本社はニューヨーク。事業としてはデータ、ビデオ、会議サービ

図表25 アメリカの高配当の個別銘柄

	銘柄	企業名	事業内容	株価	配当率
1	PXD	パイオニア・ナチュラル・リソーシズ	シェールガス	241.76	8.42%
2	MO	アルトリア・グループ	たばこ製造・販売	45	8.29%
3	GSK	グラクソ・スミスクライン	製薬	31.85	7.84%
4	VZ	ベライゾン・コミュニケーションズ	通信	41.3	6.12%
5	T	エーティーアンドティー	通信	17.19	6.34%
6	OKE	ワンオーク	天然ガス・天然ガス液	60.55	6.28%
7	KMI	キンダー・モルガン	エネルギー	18.22	6.11%
8	IBM	アイビーエム	ソフトウェア・テックサービス	127.79	5.16%
9	WBA	ウォルグリーン・ブーツ・アライアンス	ドラッグストア・健康サービス	35.27	5.44%
10	ABBV	アッヴィ	バイオ医薬品	136.28	4.07%
11	UL	ユニリーバ	一般消費財	44.6	4.20%
12	PM	フィリップモリス	たばこ製造・販売	94.53	5.24%
13	RY	ロイヤル・バンク・オブ・カナダ	金融サービス	94.79	4.22%

※2022年9月17日時点
出典：Yahoo financeを基に作成

ス、セキュリティおよびマネージドネットワークサービス、ローカルおよび長距離音声サービスなど。さまざまなモノのインターネットサービスや製品を提供するネットワークアクセスを含み、ワイヤレス・有線での通信サービスや製品を提供しています。

⑤　T（エーティーアンドティー）　配当率　6・34％

事業内容は通信。AT&Tは通信持株会社で、主に携帯電話事業を展開しています。子会社AT&Tモビリティを通じてアメリカ国内の企業や個人に市内・長距離携帯電話、ローミングサービスを提供しています。

またインターネット接続、専用回線、DSL、IPテレビ「U-verse」、ブロードバンド、IP電話、ウェブホスティングなどのサービスも行っています。

⑥　OKE（ワンオーク）　配当率　6・28％

事業内容は天然ガス・天然ガス液。天然ガスの収集とパイプライン・サービスを提供しています。子会社ワンオーク・パートナーズを通じて、カンザス、オクラホマ、テキサス各州で天然ガス供給事業を展開し、天然ガスの収集、処理、保管、輸送を行っています。

⑦　KMI（キンダー・モルガン）　配当率　6・11％

事業内容はエネルギー。天然ガスパイプライン事業、製品パイプライン事業、ターミナル事業およびCO_2事業の4つのセグメントを通じて事業を展開しています。天然ガスパイプライン事業は、天然ガスの輸送、貯蔵、販売、集荷、加工および処理、各種液化天然ガス（LNG）などで構成されています。

⑧　IBM（アイビーエム）　配当率　5・16％

事業内容はソフトウェア・テックサービス。コンピュータ関連のサービスおよびコンサルティングの提供と、ソフトウェア、ハードウェアの開発・製造・販売・保守と、それらに伴うファイナンシング、メインフレームコンピュータからナノテクノロジーに至る分野でサービスを提供しています。

⑨　ＷＢＡ（ウォルグリーン・ブーツ・アライアンス）　配当率　5・44％

事業内容はドラッグストア・健康サービス。米国小売薬局、国際小売薬局、医薬品卸売の3つのセグメントを通じて事業を展開しています。米国小売薬局セグメントは、小売ドラッグストア、ケアクリニックの運営、専門薬局サービスの提供を含むWalgreen Co.(Walgreens) 事業で構成されています。

⑩　ＡＢＢＶ（アッヴィ）　配当率　4・07％

事業内容はバイオ医薬品。研究ベースのバイオ医薬品企業です。医薬品や治療薬の研究、開発、製造、商業化および販売を行っています。

主力商品は乾癬症、Ｃ型肝炎、ガンの治療薬。

⑪　ＵＬ（ユニリーバ）　配当率　4・20％

事業内容は一般消費財。イギリス・ロンドンを本拠地とする世界有数の一般消費財メーカーです。食品・洗剤・ヘアケア・トイレタリーなどの家庭用品を製造・販売する多国籍企業で、現在世界180か国以上に支店網を有しています。

⑫　ＰＭ（フィリップモリス）　配当率　５・24％

事業内容はたばこ製造・販売。加熱式たばこ「ＩＱＯＳ（アイコス）」をはじめ、マールボロ、ラーク、パーラメント、バージニア・エスといった、フィリップモリス社製品のマーケティング、販売促進活動を行っています。

⑬　ＲＹ（ロイヤル・バンク・オブ・カナダ）　配当率　４・22％

事業内容は金融。個人および商業銀行、資産管理サービス、保険投資家サービス、資本市場の商品およびサービスを世界規模で提供しています。サービスの対象はカナダと米国の個人、ビジネス、公共部門および機関顧客です。

あなたに合った「米国株」高配当再投資法でFIRE達成!

では、QYLD以外の金融商品を使ったり、投資に回す金額を変えたりした場合、FIREまでの期間がどうなるか、5つのケースで見ていくことにしましょう。

ケース1 資産500万円、FIRE達成までの期間7年の場合

ここからはこの本でご提案してきた「7年で月20万円の配当でFIRE達成」のプランを「モデルケース」と呼ぶことにします。

さて、ケース1はモデルケースのQYLDにかえて**XYLD**というS&P500カバード・コールETFを使った場合、どうなるかを見ていきましょう。
元手は500万円、年間積立金額200万円です。

XYLDが設定されたのは、QYLDより6か月早い2013年6月です。純資産の額はQYLDが日本円で5兆円くらいなのに対し、XYLDは3兆円くらいと6割ほどになっています。

配当は毎月支払われる点、**配当の平均利回りが約12%**であるという点は、QYLDと同じです。ですので、図表26を図表24と比べるとわかるように、配当金の増え方は基本的にQYLDと同じです。

そして、QYLDはNASDAQのカバード・コールETFですが、XYLDはS&P500のカバード・コールETFであるという点が異なります。

ではQYLDよりもXYLDを選んだほうがいいのは、どういう人なのでしょうか。
ズバリ指標とする指数の規模や、セクターの偏りが気になる人です。

QYLDが対象としているNASDAQは100社となり、テクノロジー系の企業に

図表26　XYLDでFIREを目指す場合

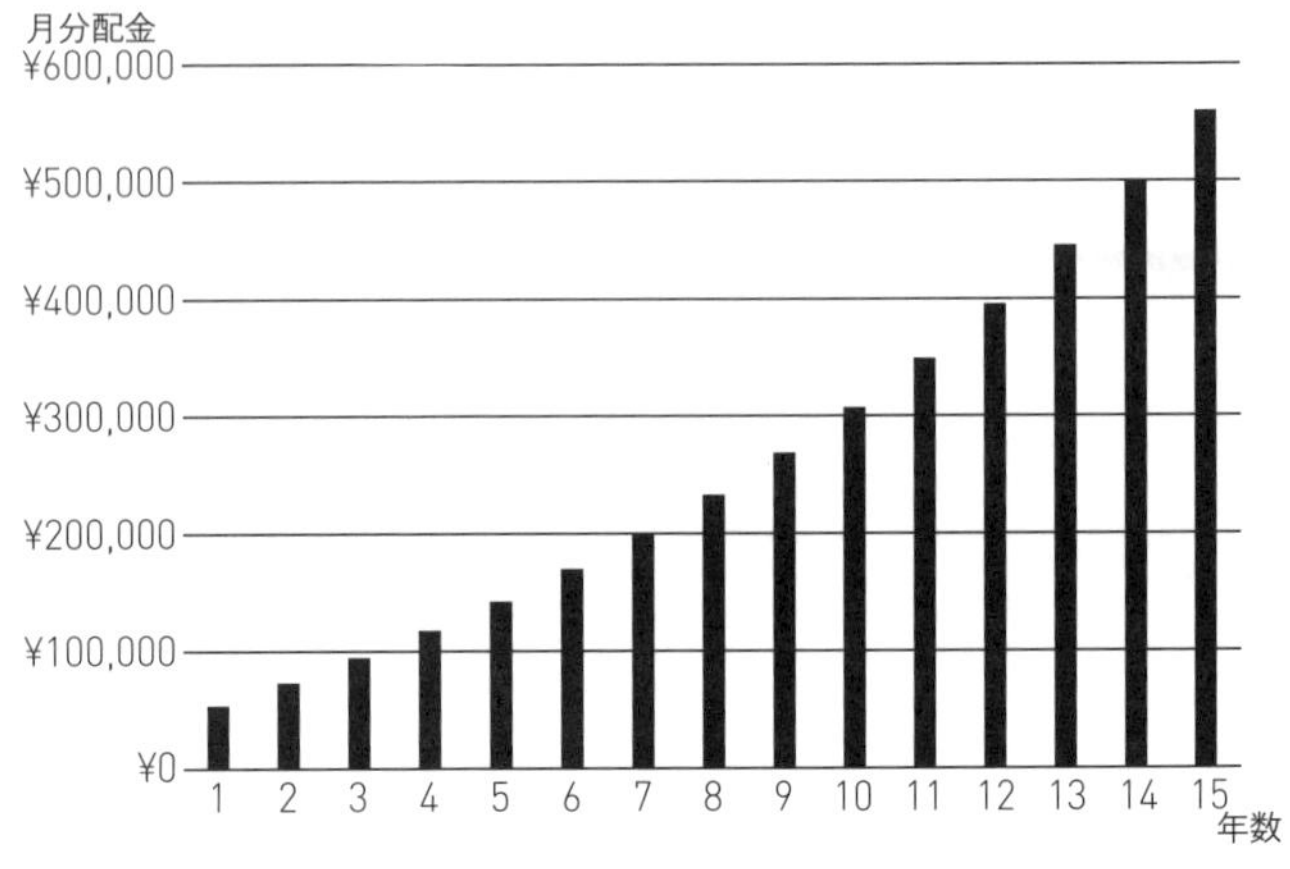

偏っており、非金融という形になっています。テクノロジー企業の下落によって大きくガクッと落ちやすいという特性があります。

一方、ＸＹＬＤが対象としているＳ＆Ｐ５００は、ニューヨーク証券取引所および、NASDAQに上場している大型企業５００社を対象とした指標です。金融系などのセクターやコカ・コーラやＰ＆Ｇなどの大型の株式も入っており、全業界をまんべんなくカバーしています。ですので、たとえGAFAMなどのテクノロジー大手の株価が下落しても、NASDAQに比べると、その影響が半分くらいに減らされるので、テクノロジー株による下

図表27 XYLDの組入上位10銘柄

比率(%)	銘柄名
6.95	アップル
5.69	マイクロソフト
3.30	アマゾン
1.93	アルファベット　クラスA
1.88	テスラ
1.75	アルファベット　クラスC
1.63	バークシャー・ハサウェイ
1.56	ユナイテッド・ヘルス
1.40	ジョンソン・エンド・ジョンソン
1.34	エクソンモービル

※2022年10月18日時点
出典：Global X Japan株式会社 HP「XYLD」を基に一部改変

落時に引きずられて大きく落ちづらいという特性があります。

一方で、S&P500はNASDAQに比べて値動きが緩やかです。値動きの幅が大きいほどオプションプレミアムが高くなるので、その点で実際の分配利回りはQYLDのほうが高めが見込めますが、より安定感が高く、それなりの配当も得られる金融商品がいい、という人はXYLDを選択肢に入れてもいいでしょう。

ケース2 資産300万円、時間をかけてFIRE達成する場合

ケース2以降は個別銘柄に投資をするパターンです。尚、先につけ加えておきますと、ケース2~5の個別銘柄は、配当金が3か月ごとに振り込まれますが、比較の便宜上、図表の配当金は1か月ごとに記載しています。

ケース2では資産300万円で、毎月8万円（年間96万円）＋ボーナス140万円

図表28 ケース2の場合の資産額の成長推移

【条件】
・元金300万円
・毎月積立8万円＋ボーナス140万円
・配当年5%（PMとVZに半々投資）
・配当は複利運用（3か月ごとに1.25%）
・税金28.3%

PMとVZに半々投資			
月	投資額	配当金（月）	資産合計（投資額＋配当金）
1か月目	¥3,080,000	¥9,202	¥3,089,202
2か月目	¥3,160,000	¥9,441	¥3,169,441
3か月目	¥3,240,000	¥9,766	¥3,278,805
4か月目	¥3,349,039	¥10,005	¥3,359,044
5か月目	¥3,429,039	¥10,244	¥3,439,283
6か月目	¥4,209,039	¥12,687	¥4,259,449
7か月目	¥4,326,762	¥12,926	¥4,339,688
8か月目	¥4,406,762	¥13,165	¥4,419,927
9か月目	¥4,486,762	¥13,524	¥4,540,499
10か月目	¥4,606,975	¥13,763	¥4,620,738
212か月目	¥63,226,592	¥188,889	¥63,415,482
213か月目	¥63,306,592	¥190,824	¥64,064,801
214か月目	¥63,953,978	¥191,063	¥64,145,040
215か月目	¥64,033,978	¥191,302	¥64,225,279
216か月目	¥64,813,978	¥195,367	¥65,590,240
217か月目	¥65,474,873	¥195,606	¥65,670,479
218か月目	¥65,554,873	¥195,845	¥65,750,718
219か月目	¥65,634,873	¥197,842	¥66,420,967
220か月目	¥66,303,125	¥198,081	¥66,501,206
221か月目	¥66,383,125	¥198,320	¥66,581,445
222か月目	¥67,163,125	¥202,448	¥67,967,523

を、**フィリップモリス（配当利回り約5％）**と**ベライゾン・コミュニケーションズ（配当利回り約6％）**の2つの銘柄に半分ずつ投資し、実質利回り5％で運用したときの結果を見ていくことにしましょう。

毎月の投資金額こそ8万円と、モデルケースよりも3万円多いものの、もともとの資産（初期投資の額）が300万円とモデルケースより200万円低く運用利回りも低いことから、毎月の配当が20万円を超えるのは222か月目となることがわかりました。

222か月というと18年6か月です。目標達成までモデルケースの2・5倍以上かかることになります。

なぜこうなるかと言うと、初期投資の額がモデルケースより少ないこともさることながら、利回り5％で月20万円の配当を得ようとすると、資産額が約6800万円必要になるからです。

初期投資の額と運用商品の利回りで、結果が大きく変わることがよくわかるケースと言えるのではないでしょうか。

ちなみに、なぜこの2社かと言うと、業歴が長く、業績を出していて、社会的信用

図表29　ケース2でFIREを目指す場合

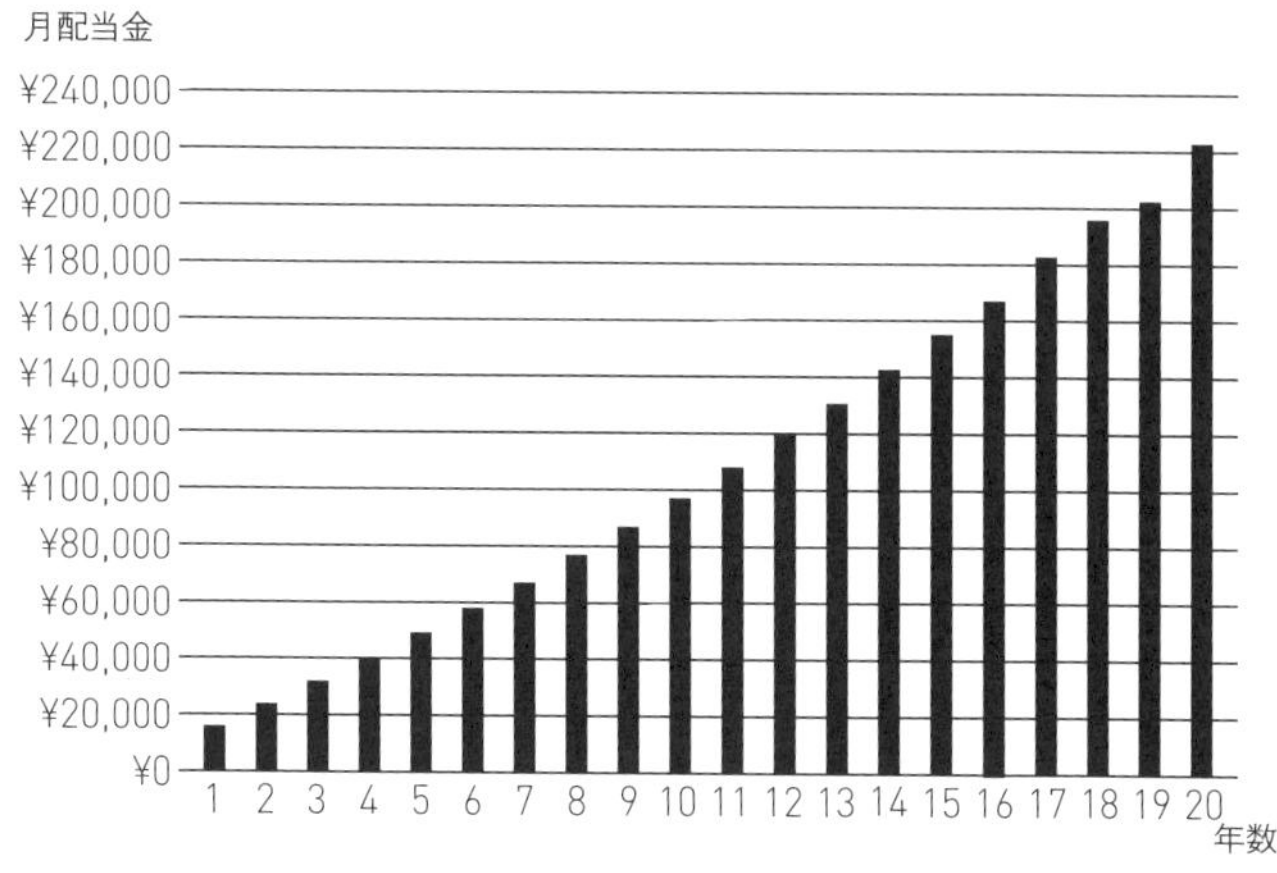

があるからです。社会的信用がある企業のほうが、当然ながら減配の可能性が減ります。

配当利回り5％は高い配当率ですが、実際、単年で5％というのはよくあります。しかし、そういった企業の多くが、結局、2年後くらいには大きく下がっていたりします。

高配当株を選ぶ際には、高い配当利回りを「長きにわたって」出しているかどうかがとても大事で、その点、フィリップモリスもベライゾン・コミュニケーションズも長く増配が続いている企業です。だからこそ、図表29にあるような長期的なシミュレーションにおいて、正確性の高いシミュレーションを行うことができます。

特に、ベライゾンはS&P500にも入っていますし、ダウ30社の平均指数の中にも入っており、これは通信業ではベライゾンのみです。その意味で、財務の健全性も担保されています。

ケース3 資産0円からFIREを目指したい場合

このケースでは資産が0円、毎月14万円（年間168万円）＋ボーナス140万円、合計308万円を**アッヴィ**に投資し、実質利回り4％だった場合を見ていきましょう。

結論から言うと、投資開始から240か月経っても、月の配当は19万8000円と20万円に届きません。

図表30　ケース3の場合の資産額の成長推移

【条件】
・元金0万円
・毎月積立14万円＋ボーナス140万円
・配当年4%(ABBVに投資)
・配当は複利運用(3か月ごとに1%)
・税金28.3%

ABBVに投資			
月	投資額	配当金(月)	資産合計(投資額＋配当金)
1か月目	¥140,000	¥335	¥140,335
2か月目	¥280,000	¥669	¥280,669
3か月目	¥420,000	¥1,011	¥424,022
4か月目	¥563,011	¥1,346	¥564,357
5か月目	¥703,011	¥1,680	¥704,692
6か月目	¥1,543,011	¥3,714	¥1,557,789
7か月目	¥1,694,075	¥4,049	¥1,698,124
8か月目	¥1,834,075	¥4,383	¥1,838,458
9か月目	¥1,974,075	¥4,752	¥1,992,981
10か月目	¥2,128,229	¥5,086	¥2,133,315
230か月目	¥78,151,165	¥186,781	¥78,337,946
231か月目	¥78,291,165	¥188,458	¥79,040,970
232か月目	¥78,992,512	¥188,792	¥79,181,304
233か月目	¥79,132,512	¥189,127	¥79,321,639
234か月目	¥79,972,512	¥192,505	¥80,738,420
235か月目	¥80,685,915	¥192,839	¥80,878,755
236か月目	¥80,825,915	¥193,174	¥81,019,089
237か月目	¥80,965,915	¥194,896	¥81,741,337
238か月目	¥81,686,441	¥195,231	¥81,881,671
239か月目	¥81,826,441	¥195,565	¥82,022,006
240か月目	¥82,666,441	¥198,989	¥83,458,149

図表31　ケース3でFIREを目指す場合

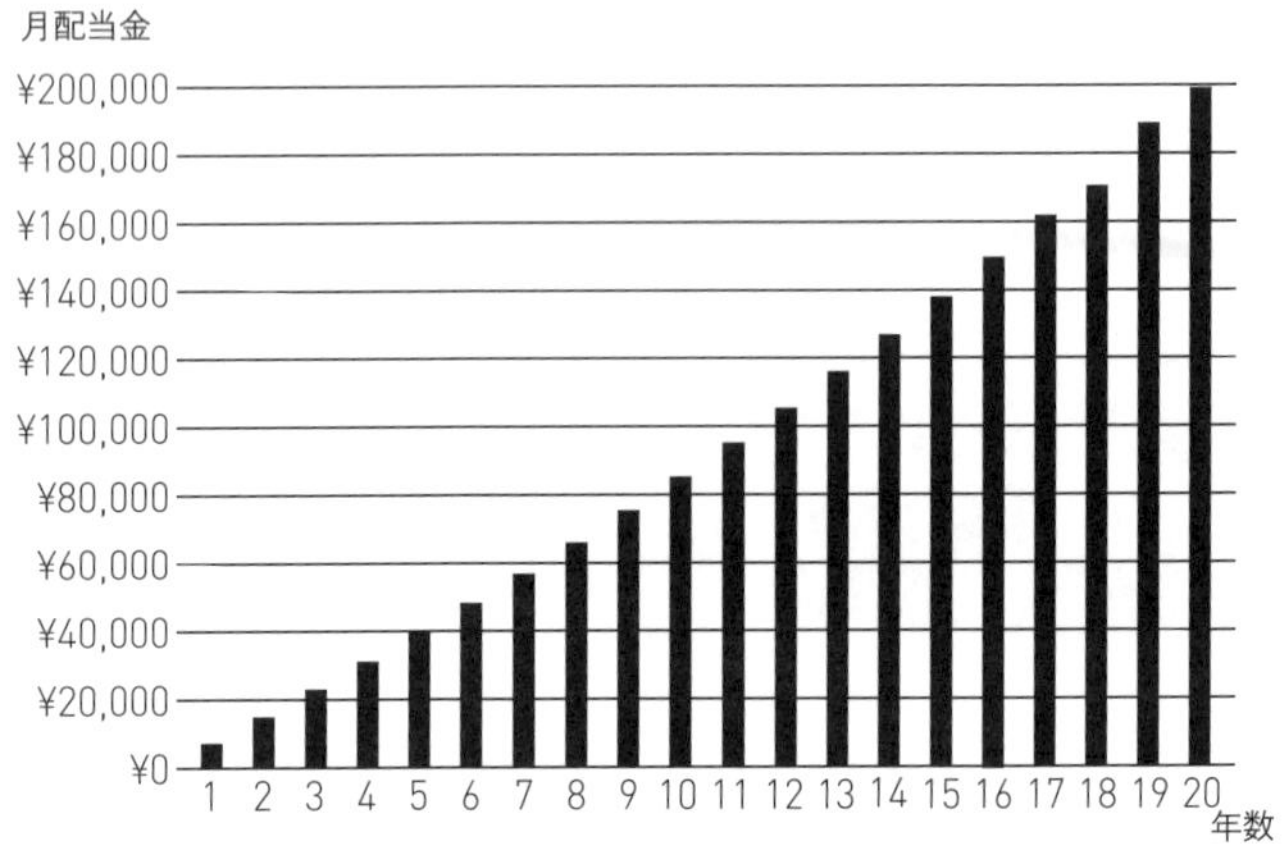

毎月の投資金額はモデルケースの2・8倍、資産額はモデルケースの3倍の8300万円であるにもかかわらずこのような結果になるのは、初期投資の額が0円であることと、運用利回りがモデルケースの半分にも達していないためと言えるでしょう。

アッヴィは、もともとアボット・ラボラトリーズという会社からスピンオフした会社です。その時代から換算すると、連続増配51年と驚異的な増配年数を達成しています。ですので、一時的ではなく、今後も高い配当金を狙うことが期待できます。

では、なぜアッヴィはそんなにも高配

当が出せるのか。やはり売上が上がり続けているというのが大きな要因です。収益性が高い医薬品を多く扱っており、しかも売れています。そして、新薬などを投入していく計画があり、今後も自社製品が売れていくとアッヴィ自身も決算などで説明しています。だからこそ、「株主への還元」に積極的になれるのです。

ケース4 毎月の積立額を多くして、早くFIRE達成をしたい場合

次は資産が1000万円で、毎月の積立額22万円（年間264万円）、ボーナス年間140万円の合計404万円を**ベライゾン株**に投資し、配当6％で運用した場合、どうなるかを見てみましょう。

初期投資額がモデルケースの倍の1000万円、毎月の積立額は4・4倍の22万円に設定しましたが、毎月の配当が20万円に到達するのは102か月後（8年6か月後）

図表32　ケース4の場合の資産額の成長推移

【条件】
・元金1000万円
・毎月積立22万円＋ボーナス140万円
・配当年6%（VZに投資）
・配当は複利運用（3か月ごとに1.5%）
・税金28.3%

VZに投資			
月	投資額	配当金（月）	資産合計（投資額＋配当金）
1か月目	¥10,220,000	¥36,639	¥10,256,639
2か月目	¥10,440,000	¥37,427	¥10,477,427
3か月目	¥10,660,000	¥38,627	¥10,813,275
4か月目	¥10,994,648	¥39,416	¥11,034,064
5か月目	¥11,214,648	¥40,205	¥11,254,853
6か月目	¥12,134,648	¥43,971	¥12,309,127
7か月目	¥12,485,156	¥44,759	¥12,529,916
8か月目	¥12,705,156	¥45,548	¥12,750,704
9か月目	¥12,925,156	¥46,835	¥13,111,002
10か月目	¥13,284,167	¥47,624	¥13,331,790
92か月目	¥50,075,642	¥179,521	¥50,255,164
93か月目	¥50,295,642	¥182,249	¥51,018,821
94か月目	¥51,056,572	¥183,038	¥51,239,610
95か月目	¥51,276,572	¥183,827	¥51,460,399
96か月目	¥52,196,572	¥189,137	¥52,947,083
97か月目	¥52,977,946	¥189,926	¥53,167,872
98か月目	¥53,197,946	¥190,715	¥53,388,661
99か月目	¥53,417,946	¥193,563	¥54,186,019
100か月目	¥54,212,456	¥194,352	¥54,406,808
101か月目	¥54,432,456	¥195,140	¥54,627,597
102か月目	¥55,352,456	¥200,573	¥56,148,345

図表33 ケース4でFIREを目指す場合

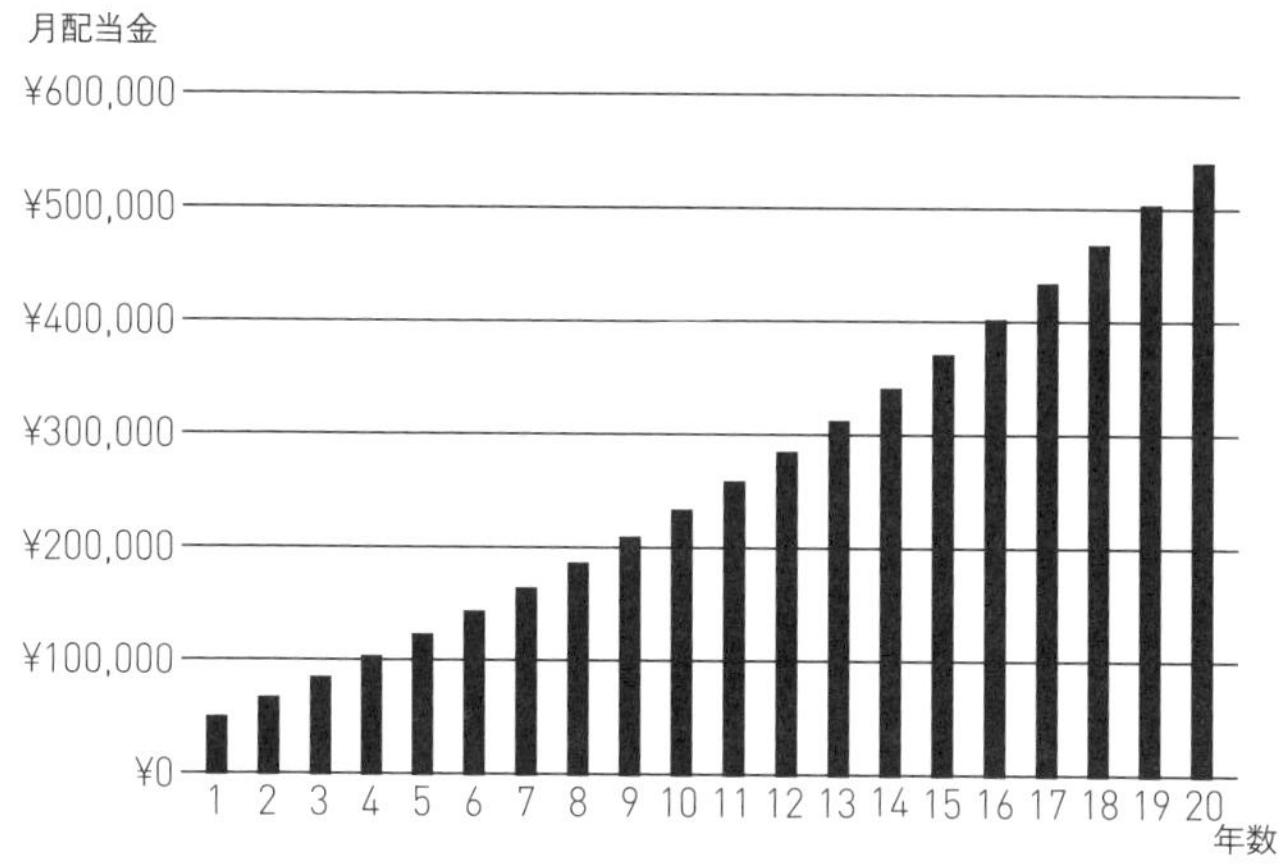

であることがわかりました。

FIREまでの期間が著しく長いわけではなく、資産総額も5500万円を超えています。そもそも配当利回り6%というのは株式投資としてはかなり高い利回りなので、資金が潤沢にある場合にはこの選択肢もあり得るのではないでしょうか。

ケース5 月の積立額は小さく抑えたい場合

このケースでは資産1000万円、月の積立額は5万円（年額60万円）＋ボーナス140万円を、GSKに投資し配当利回り7％で運用した場合を見ていきましょう。

毎月の配当が20万円を超えてくるのは投資開始から138か月後（11年6か月後）となることがわかりました。このときの資産総額は約4900万円となります。

あまり急ぐことなくFIREの資金を作りたい人にとっては、悪くない選択肢と言えると思います。

GSKのいいところは、直近の利回りが6～7％で、配当が高いことです。イギリスの医薬品という業界の中でも、アストラゼネカに並ぶ大手の製薬会社という社会的信用力もあります。キャッシュもある程度きちんとあり、先ほどのアッヴィほどはキャッシュフローを作る力が強くはないのですが、配当が安定しています。

図表34 ケース5の場合の資産額の成長推移

【条件】
・元金1000万円
・毎月積立5万円＋ボーナス140万円
・配当年7%(GSKに投資)
・配当は複利運用(3か月ごとに1.75%)
・税金28.3%

GSKに投資			
月	投資額	配当金(月)	資産合計(投資額＋配当金)
1か月目	¥10,050,000	¥42,034	¥10,092,034
2か月目	¥10,100,000	¥42,243	¥10,142,243
3か月目	¥10,150,000	¥42,985	¥10,320,342
4か月目	¥10,327,357	¥43,194	¥10,370,551
5か月目	¥10,377,357	¥43,403	¥10,420,760
6か月目	¥11,127,357	¥47,124	¥11,314,102
7か月目	¥11,316,978	¥47,333	¥11,364,311
8か月目	¥11,366,978	¥47,542	¥11,414,520
9か月目	¥11,416,978	¥48,351	¥11,608,583
10か月目	¥11,610,232	¥48,560	¥11,658,792
128か月目	¥44,633,218	¥186,678	¥44,819,896
129か月目	¥44,683,218	¥189,233	¥45,433,113
130か月目	¥45,293,880	¥189,442	¥45,483,322
131か月目	¥45,343,880	¥189,651	¥45,533,531
132か月目	¥46,093,880	¥195,207	¥46,867,450
133か月目	¥46,722,243	¥195,416	¥46,917,659
134か月目	¥46,772,243	¥195,625	¥46,967,868
135か月目	¥46,822,243	¥198,291	¥47,608,037
136か月目	¥47,459,745	¥198,500	¥47,658,246
137か月目	¥47,509,745	¥198,710	¥47,708,455
138か月目	¥48,259,745	¥204,379	¥49,069,664

図表35　ケース5でFIREを目指す場合

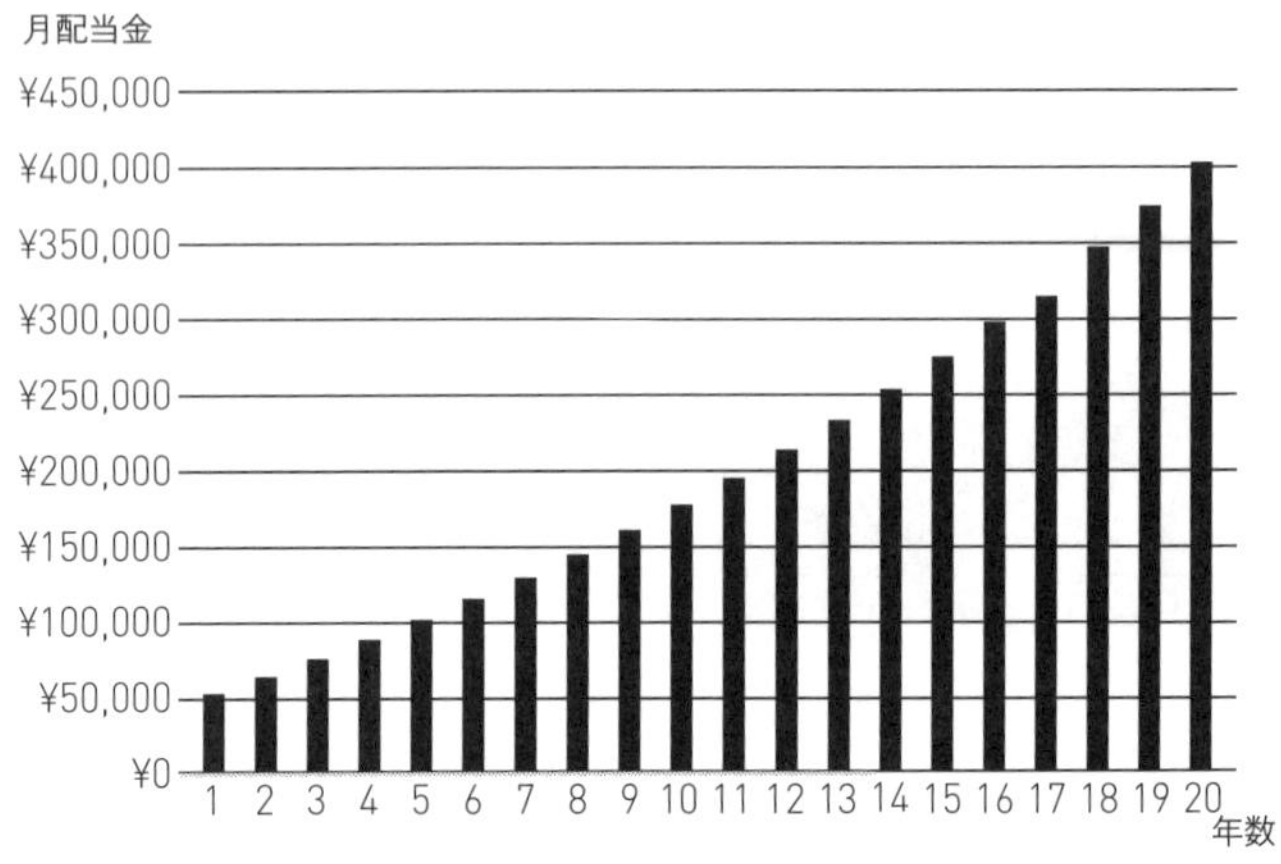

そもそも、製薬企業は配当が出やすいという特徴があります。イギリスのアストラゼネカ、スイスのロシュなど、業界トップレベルの製薬会社たちは、4〜6％くらい配当を出しているところが多いです。

製薬という薬の販売で利益が出やすい業界、かつ、売上がある程度安定している。これがGSKを選定している理由です。

また、通常、海外の株を購入すると、配当金に二重課税がかかります（現地での税金と日本での税金）。他のケースとの比較の便宜上、図表では勘案していませんが、GSKはADRといって、米国に預託証券として預けているものになっており、実際は、米国株の配当におけるアメリカの連邦所得税10％が免除されます。

ケース3はキャピタルゲインが期待できる

ケース2〜5はいずれも株式投資の配当でＦＩＲＥの資金を作っていくものです。ＱＹＬＤで運用するモデルケースでは値上がり益が期待できず、従ってキャピタルゲインに期待することができません。

高配当銘柄も似たようなもので、本来の企業利益を会社の成長に再投資しないで、株主への配当金として払い出してしまうのでキャピタルゲインを期待することはできません。しかしケース3は月々の投資金額と再配当投資で作った資金の他に、株が値上がりしていればキャピタルゲインを狙うことが可能になります。

そのときに持ち株を売却する勇気が持てるかどうかは別問題として、ＱＹＬＤや他の高配当投資にはない楽しみがあるのです。

ポートフォリオは変更可能

QYLDを使った高配当再投資法を使うと、FIREへの道のりを早めることができます。

とはいえ、中には資金の全部をQYLDにつぎ込むことには抵抗を覚えたり、リスクが高いと感じたりする人もいることでしょう。

そのような場合は、高配当の個別銘柄を組み合わせることを検討してみてください。

実際、QYLDにおいては分配金が減ることもあるので、リスクの分散になります。

配当金にかかる税金還付をうまく利用しよう

配当にはアメリカと日本で二重に税金がかかります。アメリカの10%の連邦所得税と、日本の所得税・住民税・復興特別所得税の20・315％をそれぞれカウントして実質税率は28・3％です。

しかし連邦所得税に関しては二重課税なので、多く払ってしまった税金を毎年の確定申告で還付を受けることができます。これが外国税額控除と言われるものです。

源泉徴収された10％の税金が、所得に応じて還付されるしくみです。多くの場合、だいたい7％か8％くらい戻ってくる印象があります。

皆さんも漏れなく利用して、再投資に回すようにしてください。

ただし後ほど出てくるNISA口座で買ったQYLDについては、連邦所得税の還付の対象とはなりませんので、こちらはご承知おきください。

最初の3年に入金を増やすのも一つの手

ケーススタディを見ていただいてもわかるように、投資をする場合、初期費用が大きいほうが早期に資産が大きくなりやすく有利です。

なのでもし可能であれば最初の3年か4年くらい、できるだけ多くの資金を投資するのも一つの手です。7年間頑張り続けるのは大変だけれど、**「最初の3年間だけ」**と考えれば、意外に乗り切れるのではないでしょうか。

例えばこの本では最低限のＦＩＲＥとして年間２００万円をＱＹＬＤに投資して毎月配当を受け取り、それを再投資することを提案しています。仮に手数料や税金を除いた配当利回りを10％とした場合、年間２００万円の投資に対するリターンは年額20万円です。

これを頑張って１００万円多くし、３００万円にすると単純にリターンの額も30万円になります。

これはあくまでも一つの案ではありますが、親御さんに経済的余裕があり、ご兄弟の了解が得られるのであれば、贈与税が非課税になる１１０万円の範囲内で、親御さんから資金提供を受けるのもアリなのではないかと思います。

生前贈与として受け取るわけですが、子どもに対して有利な資産形成をさせたい親御さんは多いはずなので、実現できる可能性は高いでしょう。ただし親御さんが亡くなったあと、兄弟ともめないよう、生前にいくら資金提供を受けたか明確にし、相続の際にその分を差し引くようにするといいでしょう。

QYLDはNISAの適用も受けられる

QYLDはNISAの適用対象商品でもあります。

NISAとは「NISA口座」という専用の非課税口座内で、毎年一定金額の範囲内で購入した金融商品から得られる利益が非課税になる制度です。

一般NISA、つみたてNISA、未成年が利用できるジュニアNISAの3種類があり、それぞれ年間の購入上限額が異なります。ここでは一般NISAのお話をしたいと思いますが、現行の一般NISAの制度は2023年までとされています。2024年からは新しいNISA制度に変更になりますが、ここでは現行の制度に基づいた説明をしていきます。

一般NISAでは毎年120万円の非課税投資枠が設定されており、株式・投資信託等の配当・譲渡益等が非課税対象となります。

先ほどご提案した、親御さんから受けた生前贈与の金額(毎年の上限110万円)や、ボーナスなどのまとまった金額をＮＩＳＡで運用すると、非課税の恩恵を受けることができ、とてもお得です。

ぜひ活用するようにしてください。まずはＮＩＳＡ口座の開設をお忘れなく。

なおＮＩＳＡ口座で非課税になるのは日本の税金だけなので、**アメリカの税率10％に関しては課税されます。**

※令和5年度税制改正の大綱等において、2024年以降のＮＩＳＡ制度の抜本的拡充・恒久化の方針が示されました。これにより毎月分配型のＱＹＬＤは2024年以降の新ＮＩＳＡでは非課税ではなくなります（図表36）。

図表 36　2024年以降のNISA制度の抜本的拡充・恒久化

<table>
<tr><th></th><th>つみたて投資枠　併用可</th><th>成長投資枠</th></tr>
<tr><td>年間投資枠</td><td>120 万円</td><td>240 万円</td></tr>
<tr><td>非課税保有期間（注 1）</td><td>無期限化</td><td>無期限化</td></tr>
<tr><td rowspan="2">非課税保有限度額（注 2）
（総枠）</td><td colspan="2">1800 万円
※簿価残高方式で管理（枠の再利用が可能）</td></tr>
<tr><td></td><td>1200 万円（内数）</td></tr>
<tr><td>口座開設期間</td><td>恒久化</td><td>恒久化</td></tr>
<tr><td>投資対象商品</td><td>積立・分散投資に適した一定の投資信託
（現行のつみたて NISA 対象商品と同様）</td><td>上場株式・投資信託等
（注 3）
〔①整理・監理銘柄②信託期間 20 年未満、高レバレッジ型及び毎月分配型の投資信託等を除外〕</td></tr>
<tr><td>対象年齢</td><td>18 歳以上</td><td>18 歳以上</td></tr>
<tr><td>現行制度との関係</td><td colspan="2">2023 年末までに現行の一般 NISA 及びつみたて NISA 制度において投資した商品は、新しい制度の外枠で、現行制度における非課税措置を適用
※現行制度から新しい制度へロールオーバーは不可</td></tr>
</table>

（注１）非課税保有期間の無期限化に伴い、現行のつみたてNISAと同様、定期的に利用者の住所等を確認し、制度の適正な運用を担保

（注２）利用者それぞれの非課税保有限度額については、金融機関から一定のクラウドを利用して提供された情報を国税庁において管理

（注３）金融機関による「成長投資枠」を使った回転売買への勧誘行為に対し、金融庁が監督指針を改正し、法令に基づき監督及びモニタリングを実施

（注４）2023年末までにジュニアNISAにおいて投資した商品は、5年間の非課税期間が終了しても、所定の手続きを経ることで、18歳になるまでは非課税措置が受けられることとなっているが、今回、その手続きを省略することとし、利用者の利便性向上を手当て

出典：金融庁HP「新しいNISA」

PART

5

やらなくても

FIREできるけど……

「FIREを加速させるもの」としての支出管理

マネーリテラシーとしての支出管理

皆さんはご自分が月単位・年単位でいくらの収入があって、それぞれどれだけの支出があるか把握していますか？

実は多くの人に見られるのが「収入は把握できていても、支出については不明のままにしている」ということなのです。

「わかっていないけど、生活できているからいいか」とか「そこそこお金が残っているみたいだから問題ないんじゃないか」と思っている人がかなり多いように感じます。

でも、もしも本気でＦＩＲＥを目指すのであれば、支出管理はしっかり行うようにしたいものです。というのもきちんとした支出管理ができさえすれば、投資に回せる金額がもっと多くなり、より早くＦＩＲＥを達成できるようになるからです。

それに今やインフレと円安が同時進行している時代です。一寸先のことはいつだってわかりませんが、今は特に先の見通しがしにくい時代だと思います。さらにサブスクなど可視化しにくいサービスがたくさんある時代でもあります。

こんな混沌とした時代に、自分のお金のことがよくわかっていないというのは、あまりにもリスキーです。自分が毎月何にいくらお金を使い、それが年間にするとどれくらいの金額になっているのか、自分自身のお金回りのことは常に明確にしておくようにしましょう。

お金の流れが明確になれば、使うべきところと引き締めるべきところの区別がつくようになっていきます。するとおのずからお金は残るようになっていくでしょう。

その習慣がいつかあなたの身を助けることにならないとも限りません。

私たちはお金について学んでいない

日本人には昔から**「清貧思想」**がありました。特に年配の人ほど、お金は卑しいものだから欲しがってはいけないとか、お金のことを話題にするのははしたない、貧しくても清らかな心を持つのが素晴らしい生き方だ、という考えを持っている人が少なくありません。

家庭でお金のことが話題になることはほとんどないというのが現状なのではないでしょうか。私も例に漏れず、父が昭和の頑固一徹の「親父」だったので、働くことこそが美徳で投資などとんでもない、という考えの人でした。母もお金には無頓着な人ですが、たまたま保険会社の人に勧められて始めた投資がうまくいったものの、今でも本人は金融商品についてはよくわかっていないと思います。

高校の家庭科でも一応「家計管理」について学ぶことになってはいましたが、私も含め覚えていない人が大多数を占めるのではないでしょうか。

そう言えば2022年4月から、家庭科の「家計管理」の単元の中に株式と投資信託についての項目が入ったそうです。日本もようやくここまできたか、と感慨にふけりました。

アメリカなどでは小学校でもお金関係の基礎的なことを学ぶカリキュラムがあったり、高校では株式投資を疑似体験できるカリキュラムがあったりします。

終身雇用制度が維持できなくなり、退職金があてにできなくなった今、日本も早い段階からマネーリテラシーを身につけることが重要になってきていると感じます。

子どもたちとお金の話をする

私は2人の子どもを持つ父親です。家で一緒に過ごす時間が多いので、子どもたちは私がClubhouseやVoicyなどでお金について話しているのを日常的に聞いています。

その影響なのか、上の子どもが「誕生日のプレゼントに株が欲しい」と言い出して驚いたことがあります。すると下の子も真似をして「自分も欲しい」と。

そこで**マクドナルドの株をプレゼントしました。**といってもほんの少しですけれども。

お小遣いは自由に使っていいことにしています。基本的にわが家はコーラを飲ませないようにしているのですが、子どもたちはコーラが大好き。だから「お小遣いの中で買うのならコーラを買うのも止めないよ」と言っています。

マクドナルドの配当で年間に1本か2本コーラが買えるので、「この配当、どう使う？　コーラ買う？　それとも貯金しておく？」と尋ねたりします。

自分が欲しいものは何でもスルスル手に入るのではないこと、手に入れるにはどうすればいいかを考えるようになってほしいと思っています。

お金についての話は「金銭教育をしよう！」と思ってしているのではなく、日常生活の中で自然に話題の一つになっている感じです。

「節約」と「支出管理」は大きく違う

さて、**支出管理に関してよくあるのが「支出管理＝節約」と思い込むケースです。**

でもこの2つはまったく別のものです。間違えないようにしましょう。

節約と支出管理の違いは、「無理しているか・していないか」だと私は考えています。

本来、削る必要のないものを無理して削るのが「節約」です。

これは個人の価値観にもよるのかもしれませんが、私の中ではペットボトルの水を買うのを我慢して水道水を水筒に入れて持ち歩くのは「節約」に属します。そこまでしなくてもいいかな、というラインが私の中にあるのです。

でも、ある女性が「私は冷え性なのでお水よりも白湯が飲みたいと思うんです。でも白湯ってどこにも売っていないので、外出するときはポットのお湯を水筒に詰めて持っていきます」と言うのを聞き、なるほどと思いました。

人それぞれ何を大切にしたいかが異なっているので、一概に「これが節約で、これが支出管理」とは言えません。

ただ、大まかに分けて、次にご説明する5つについては、誰にとっても見直しのポイントになるのではないかと思います。

「入金力UP」のための支出管理

支出管理によって浮いたお金は即「入金力」につながります。
中には年間50万円、60万円といったまとまった資金になる人も少なくありません。
私自身も実践してみて効果のあったチェックすべき支出ポイントをご紹介しましょう。

【支出管理の前提条件】毎月の銀行からの引き落とし額を確認する

あなたはきちんと通帳に記帳をしていますか？　カードでお金を引き出したとき、残高を確認するだけで通帳は何年もほったらかしにはなっていないでしょうか？
通帳を持ち歩くのは面倒ですし、パッとお金だけ引き出せればいいという気持ちに

図表37 支出管理の5つの基本

- 支出管理の基本①：保険の見直し
- 支出管理の基本②：スマホの見直し
- 支出管理の基本③：サブスクの見直し
- 支出管理の基本④：クレジットカードの見直し
- 支出管理の基本⑤：交通系ICカードや「○○ Pay」のオートチャージ

なりがちですよね。よくわかります。

でも、もしも本当に支出管理をしようと思ったら、まずは通帳を持って銀行に行き、記帳をするようにしてください。そこから「あなたのお金の使い方」が見えてきます。

特に、「生命保険」「通信費（スマホの代金）」「サブスクにかかる費用」「クレジットカード」「交通系ICカードや『○○Pay』のオートチャージ」は必ずチェックしましょう。この5つが支出管理の基本となります。

支出管理の基本①

保険の見直し

日本人は生命保険を好むと言われます。実際、保険に入りすぎて、本来であれば投資に回すべきお金が保険に回ってしまっている人を、これまで何人も見てきました。私はファイナンシャルプランナーではないので、あまり詳しく言及することは避けますが、最低限、チェックしていただきたいことがあります。

まずは自分がどんな保険に入っているのか、きちんと把握するようにしましょう。

生命保険の種類は、

1　死亡保険
2　医療保険・疾病保険
3　介護保険

図表38　生命保険の分類

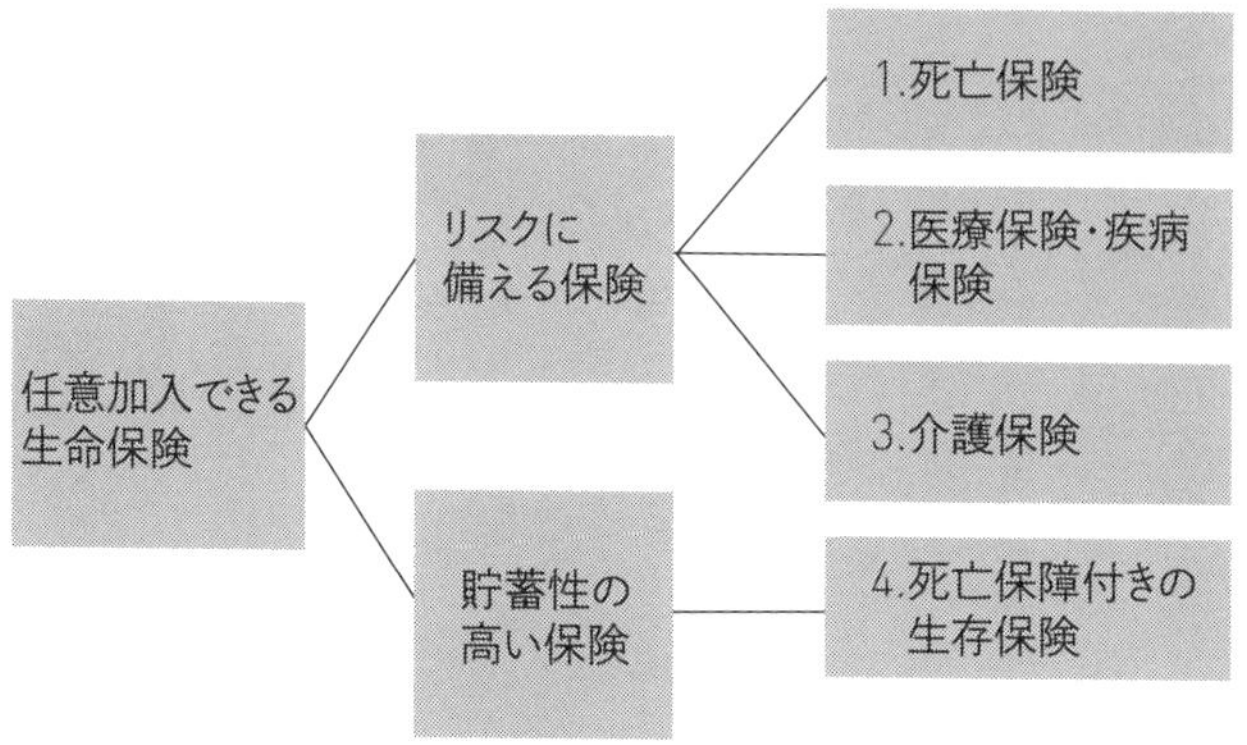

任意加入できる生命保険	リスクに備える保険	1.死亡保険
		2.医療保険・疾病保険
		3.介護保険
	貯蓄性の高い保険	4.死亡保障付きの生存保険

出典：楽天生命HP「生命保険は4種類！知っておくべき特徴と注意点」

4　死亡保障付きの生存保険

このうちまず見直してほしいのが、1の死亡保険と4の死亡保障付きの生存保険です。

ちょっとややこしいのですが、1の死亡保険には次の4種類があります。

ア　定期保険・・・死亡保険金が出るのが一定の期間に限られるもの

イ　終身保険・・・死亡保険金が出るのが一生涯にわたるもの

ウ　定期付き終身保険・・・一生涯保障が続く終身保険をベースに、一定期間だけ特に保障を手厚く（保険金額

を多く）した定期保険がついているもの

エ　収入保障保険・・・収入がなくなったとき、保険金が下りるもの

特に見直しが必要になるのはイの終身保険とウの定期付き終身保険です。

というのも終身保険には「利回り」があるのですが、それが加入したときの金利で決まっているからです（変額保険を除く）。ご存じのように日本はずっと低金利が続いています。

利回りが高いときであれば保険料は割安になりますが、利回りが低いと保険料は割高になります。

今、20代～40代の人であれば、利回りが低いときに加入している可能性が極めて高いです。このことを踏まえた上で、次の2つのケースに当てはまっているのであれば、早急に見直したほうがいいでしょう。

独身なのに多額の死亡保険に入っているケース

死亡を保険事由とする死亡保険は、遺族の生活保障のためのものです。

もしも独身で、扶養している家族がいないのであれば、多額の死亡保険に入る必要はありません。それよりも入院したときに入院給付金が支給される「医療保険」のほうが重要です。

よく死亡保険で「お葬式代くらいは用意したい」という声も聞きます。しかし縁起でもない話になってしまいますが、投資をしている独身の人が亡くなった場合、そもそも「お葬式代がない」ということ自体が考えにくいのではないでしょうか。

家族のいる人でむやみやたらと保険に入っているケース

結婚している男性で、妻が専業主婦、子どものいる人に多いパターンです。

「万が一のとき、大変なことになるから」という理由で、必要以上に保険に入りすぎていることがよくあるようです。

評判のあまりよろしくない年金制度ですが、一家の大黒柱が死亡したときに支給される「遺族年金」という制度があることはご存じでしょうか？　保険料の支払い状況を満たしていれば、サラリーマンの妻で18歳の年度末までの子ども（＝高校を卒業するまでの子ども）がいる場合、「遺族基礎年金＋遺族厚生年金」が支給されます。

また会社に退職金制度がある場合、死亡退職金が支給される可能性も高いです。

私は保険のプロではないのでこれ以上、詳しくご説明することはできませんが、もし自分の家で万が一のことがあった場合、どれくらい公的年金でカバーされるかを確認して、死亡保険の見直しをすることをお勧めします。

遺族年金の金額の計算はとても複雑で、亡くなった人の職業や給与の平均額、妻や子どもの年齢・数によって異なります。

インターネットなどでざっくりした金額を知ることも不可能ではありませんが、年金の用語などがわかっていないと、理解するのが難しいかもしれません。詳しく知りたい場合は、自治体が行っている年金相談などを利用するのも一つの手です。

共済の利用を検討する

もしも死亡保険を見直すのであれば、都民共済や県民共済などの共済を検討するのもいいでしょう。掛金（保険料）が安く、もしもその年に死亡保険金の支払いが少なければ、掛金の払い戻しもあります。

会社が団体で入っている保険を利用する

会社が団体で入っている保険があれば、ぜひそれに加入するようにしましょう。スケールメリットがあるので保険料が安く済み、なおかつ共済同様、使わなかった分は払い戻しされるケースもあります。

私は実はこれに関して大きな後悔があります。私が勤めていた会社にもこの制度があって、上司から「会社を辞めたあとも利用できるから、継続したらどうだ？」と提案されたのです。ところが「いいです」と断ってしまったんですよね。

今、考えてみたら一般の4分の1くらいの保険料で済む保険だったので、本当にもったいないことをしたと思っています。

支出管理の基本②

スマホの見直し

私の場合、この見直し金額が一番大きかったです。

今はお金についてお教えする立場になってしまった私ですが、実は私自身がお金の管理に関してはザルのようなものでした。特にスマホに関してはひどくて、**毎月2万**

円くらい使っていたのです。

もちろんあるときからどうにかしなければと思うようになり、プランの見直しをしました。ところがどんなプランにしても結局、毎月2万円かかってしまうのです。

そこで思い切ってそのころ出回り始めていた格安スマホにすることにしました。実は私、友人たちがどんどん格安スマホに切り替えていくのを見つつも、「そのうちやればいいだろう」くらいのスタンスでした。

ある日、友人から「そろそろ変えれば？　今ならまだ1年間基本料無料キャンペーンに間に合うよ」と聞かされて、変更を決断。実際にやってみたところ、**年間20万円以上が浮くようになったのです。**

今となっては「なぜあんなに格安スマホを避けて通っていたんだろう？」と不思議になるくらいです。もしもまだ高い通信料を払っているのであれば、ぜひ格安スマホにすることをお勧めします。

支出管理の基本③

サブスクの見直し

サブスク、魅力的なのがいろいろ出てきていますよね。今や私たちの生活に欠かせないと言っても過言ではないでしょう。

それだけに注意が必要です。初月無料というものも多いですが、解約を忘れてズルズルと払い続けるという結果になりかねないからです。

実はサブスクは解約忘れでそのまま有料課金月に突入してしまう人の割合が87％もいるそうです。それがあるからサービスを提供する側にとってはうまみがあるわけですが、利用者側からするとリスクが高いということになります。

しかも無料期間が長い場合ほど、解約を忘れるというデータがあるって知っていましたか？　だからAmazonのように体力があるところは「3か月間無料」みたいなサービスを提供するのです。

また、気がつかないうちに値上げされていた、ということもあります。私の知る限りではNetflixとかディズニープラス、Amazonプライムなど、2021年に軒並み値上げに踏み切りました。

そもそもサブスクは、特定の「これが見たい」とか「このゲームがやりたい」という理由で「1か月無料ならいいか。集中的にやれば」という気持ちで入ることが多いのではないでしょうか。何となく解約手続きが億劫でそのまま放置してしまうというわけです。

スポーツジム、通ってますか?

大人が放置しやすいサブスクと言えば、スポーツジムやヨガスタジオなども欠かせません。こうしたスポーツ関係の民間施設は、実際には来ない「幽霊会員」の人たちが払う会費が全体の売上の2割から3割を占めているそうです。

行かないけれども解約もできない、という心理、よくわかります。会員になっておけば「またいつか行くかもしれない。でも解約してしまったら二度と行かないだろう」

という心理が働いてしまうのですよね。

でも、これもすごくもったいないことです。もし幽霊会員になっているのであれば、潔く退会してその費用を投資に回しましょう。

支出管理の基本④

クレジットカードの見直し

クレジットカードに関しては、カードによる買い物のしすぎもさることながら、**「カード自体に入りすぎ」**のチェックも必要です。

すごくポイント付与率の高いカードで、そのときたまたまいっぱいポイントがつく買い物をしたときに勧められて入ったカード、ありませんか？　私はあります。

特にゴールドカードの付与率が高いので入ってしまい、2年目にけっこうな金額の年会費を課金されてギョッとしました。

たとえゴールドカードでなく、１０００円や２０００円の年会費であっても何枚も使わないカードを持ち、そのままにしているとその分がそっくり「無駄な出費」になってしまいます。

カードはメインを１枚、サブを１枚か多くて２枚、サブのほうはできるだけ年会費無料のものを選ぶようにするといいでしょう。

買い物サイトのキャンペーンも要注意

某大手買い物サイトのキャンペーン期間中に、余計なものまで買ってしまったこと、ありませんか？「ポイント〇倍」とか「今なら〇％オフ」とか、買わなきゃソン！みたいな気持ちにさせられますよね。

また、最近はレコメンド機能によって、自分が興味ある商品がどんどん出てきます。それによって、意外にたくさんのものを買ってしまっている人が多くいます。

でも、ちょっと待って！　そんなときこそ少し冷静になりましょう。すぐに購入ボタンを押さずに、頭を冷やす時間を持つようにしてください。

たいていの場合､次の日になれば「あれは必要なかったな」と思えてくるものです。

また、そもそもの買い物用の予算や消耗品の予算を毎月組んでおくと、ブレーキがかかりやすくなります。例えば消耗品の買い物は3万円など､予算を持っておくと､「これを買うことによって予算オーバーしてしまうのではないか」や「今月まだ始まってから10日しか経ってないのに、今回これを買ってしまうとあと20日間大丈夫かな」と判断できるようになります。ですので、予算を組んでおくのは効果的です。

支出管理の基本⑤

交通系ICカードや「○○Pay」のオートチャージ

交通系ICカードや「○○Pay」と呼ばれる電子マネーのオートチャージ、便利ですよね。

しかし、これも要注意です。オートチャージにしてしまうと手間がなくて便利な反面、いくら使ったか実感が持ちづらく、ついつい使いすぎる羽目に陥ってしまうのです。

私は某交通系ＩＣカードでけっこうな額を浪費していました。電車で使える、駅の売店で使える、コンビニで使える、とにかく「使える」。その点では素晴らしく優秀ではあるのですが、裏を返せば「いくらでもお金使い放題」のリスクが満載ということ。

もしどうしても使いたいのであれば、「月○万円まで」と決めて使った額をチェックしたり、自分が今月何回チャージしているのかを確認したりするようにしましょう。

一番いいのは「1回1万円」などと決めて手動でチャージすることです。手間はかかりますが、浪費するよりはいいと思いませんか？

「支出を減らす」は「配当を得る」よりも簡単

私が投資を始めたばかりの人によく言うことがあります。それは**「配当金で年間50万円を得るよりも、支出を減らして年間50万円を浮かせるほうがずっと簡単」**ということです。

資金0円から始めて配当金で年間50万円を得るには、相当な時間がかかります。ところが支出を減らして年間50万円浮かせるほうは、1年でできてしまうからです。もう圧倒的に簡単ですよね。

例えて言えば、ボクサーで日ごろから減量している人が5キロ減らすのと、体重が100キロくらいある人が5キロ減らすのとどちらが簡単か？くらいの違いがあるのではないでしょうか。

肥満体型の人ってちょっと食生活を見直しただけで5キロくらいスルッと痩せますよね。

投資の初心者の人たちは、それと同じだと思うのです。

年間50万円を浮かせることができれば、QYLDで運用し配当利回りが10～12%だったら年間5万円から6万円の配当がついてきます。それが入金力アップにつながっていくわけです。

まずはしっかりと支出管理ができるようになること。それが投資の第一歩です。

「時間をお金で買う」も立場と程度次第

今では人様にこんなことを言っている私ですが、かつてはひどいお金の使い方をしていた時代もあります。

FIREしてからヨーロッパに移住するまでの1年間、**1か月のタクシー代が7万**

円、などということがざらにありました。そのころ会食の機会が多くて、終電がなくなるまで楽しく飲んだり食べたりすることがよくあったのです。

しかも自分ではそれについて「時間をお金で買っているんだ」と正当化していました。タクシーの中だと電話したりＬＩＮＥしたり自由にできますから。移動の時間の効率化のつもりでした。

実際にそういう側面はあると思うのですが、私はすでにＦＩＲＥしている身で、今ある資産を大切に守っていかなければならない立場です。現役でバリバリ稼いでいる人とは立場が違います。

そのことを忘れていました。ＦＩＲＥできたことで安心し、ちょっと浮かれていたのかもしれません。気がついたときには、年間のタクシー代が１００万円に。

「時間をお金で買う」というのは正論のようでいて、立場と程度によるんだな、と思い知らされた出来事でした。

支出管理アプリ「マネーフォワード」を活用しよう

支出管理にはスマホのアプリを活用すると便利です。特にお勧めなのが「マネーフォワード」というアプリで、銀行口座やクレジットカードと連携させることで、「自分のお金の全貌」を可視化することができます。

私の友人に独立系ファイナンシャルプランナーの仕事をしている人がいるのですが、「家計簿のつけ方がわからない」という主婦の方からのご相談が多いそうです。

その原因は、現金とカード、さらには電子マネーが入り混じっている状況なので、昔に比べてお金の流れが複雑化していることにあります。何をどこでどのくらい使ってしまったのか、把握しづらいのです。

マネーフォワードにはこれらをすべてリンクさせることができるというメリットがあります。 例えば、事前にリンクさせておけば、クレジットカードを使ったら、その使った金額がマネーフォワード上に自動で記載されます。電子マネーやQRコード決済を使えば、同じくマネーフォワード上にその金額が記載されますし、デビットカードも同じです。ATMから現金を引き出せば、「ATM引き出し」という項目で表記されますし、電気代、ガス代などが銀行から引き落とされれば、それも表記されます。口座振替も同じです。つまり、**入力なしで、自動で家計簿が作れてしまうのがマネーフォワードなのです。**

では現金で払った場合はどうなのでしょうか。「レシート撮影機能」を使えば、入力不要です。レシートを撮影するだけで、その金額がマネーフォワード上に記載されます。このレシート機能も何と無料です。

連携は無料で4件までできます。私のオススメは銀行口座が1つ、カードが1つ、ポイントサイトが2つです。メインバンク1個、メインクレジットカード1個、メインのポイントサイト1個。これを基本戦略とし、各個人によって必要なものを1個追加するのがオススメです。それが個人によって、住宅ローン口座になるのか、それともサブカードになるのか、自分に合ったものを選ぶのがいいと思います。

5つ以上連携させたい人は月500円のプレミアム版にすれば可能です。多くの人は月500円以上の無駄な支出をしていると思いますので、プレミアム版でもお得だと思います。

また、プレミアム版にすると、1年以上前のデータも見ることができます。何年という長いスパンで、自分の家計がどう変わっていったかというのは、非常に参考になります。

証券なども連携させられるようになります。株やNISAなども全部一括管理できるのです。例えば、あなたが今、楽天証券で投資をしているとして、普段は楽天証券のマイページに行って、資産額などを見ていると思いますが、それもすべてマネーフォワード上で見られるようになります。

デビットカードが実は一番いい

とはいえ、請求が1か月以上あとに来るクレジットカードには、「実際のところ、自分がいくら使ったのか請求が来るまでよくわからない」という弱点があります。

日本で一般的に使われている1か月後決済のクレジットカードに対して、ヨーロッパで使われているのは即時決済できるデビットカードがほとんどです。デビットカードなら銀行口座からすぐに引き落とされるので、可視化しやすく銀行口座にプールされている以上のお金を使うことができませんん。限界を超えて使うことができないので、クレジットカードの使いすぎで生活が破綻することを未然に防止できます。

最近はデビットカードで決済できるお店も増えているので、クレジットカードを思い切ってデビットカードに切り替える決断をするのもいいのではないでしょうか。

医療費の還付や住宅ローンの借り換えも漏れなく使おう

支出を抑える方法としては、他に次のようなものがあります。

医療費の還付

年間の医療費が10万円を超えた場合、確定申告時に「医療費控除」を使って超えた分の一部の還付が請求できます。自分や家族が病気やケガをして医療費が10万円を超えた場合、利用するといいでしょう。

還付される金額は課税所得額とかかった医療費の額によって異なります。

住宅ローンの借り換え

住宅ローンのある人には、ローンの借り換えをすることで支出が減る場合があります。一番効率的なのは、金利の低い変動金利で借りておいて、金利が上昇しそうになったタイミングでまとめて返済することです。

金利の動向を見守りながら検討するといいでしょう。

配当の税金還付

ＱＹＬＤ配当にはアメリカで10％、日本で20・３１５％の税金が課税されます。確定申告を行うことで、ＮＩＳＡ口座で購入したものでなければアメリカの税金の一部の還付を受けることができます。

配当の税金については第4章で詳しくご説明しましたので、そちらを参照してください。

おわりに

本書ではQYLDに特化したFIREのノウハウをご紹介してきました。

私はFIREを達成し、その結果、より「自分らしく生きられるようになった」と実感する毎日です。

本書にも書いたように、私は特に仕事に不満があったわけでも、人間関係に悩まされていたわけでもありません。父親と大学生のときに死別したのは悲しく残念なことでしたが、比較的早くに結婚し、2人の子どもにも恵まれました。

FIREする前も自分が不幸だとか不運だと思ったことは、ほとんどなかったと思います。むしろ「これで文句を言ったら罰が当たるな」と思ってきました。

それでも、FIREを達成した現在の生活をいったん経験してしまうと、決して元の生活には戻れないと感じます。

こんなにも満たされ、日々「生きているって楽しいな」と感じるような生活ができるとは予想もしていなかったからです。

一番強く感じるのが「目に見える景色が大きく変わったな」ということです。

FIRE前も決して仕事が嫌いではありませんでしたが、それでもその仕事は「生活のための仕事」でした。生活のためだから我慢しなきゃいけない、これくらい乗り越えられなくてどうする、という悲壮感がつきまとっていたのは間違いのない事実です。

でもFIREした今、お声がけをいただいた中から「本当にやりたいこと」を選んでする仕事は、お金を得る手段と言うよりも「自分自身の使命」と感じるのです。仕事をそんなふうにとらえられるようになったことを、とてもうれしく思っています。

出会う人にも変化が起こりました。もちろん昔からの気心の知れた友人は今でも大切な存在です。彼らとの関わりには安らぎがあります。

一方、FIREしてから知り合った人からは「刺激」を受け取っています。「世の中にはこんな人がいるんだ！」という新鮮な驚きがあります。

安らぎと刺激のどちらも知ることができたことは、私の人生を豊かなものにしてくれました。

ＦＩＲＥをするということは、経済的な面だけでなく、精神的・心理的な面でも豊かに生きることなのだなと、今、強く感じています。

そんな私の経験を記したこの本が皆さまのお役に立つことができれば、著者としてこれほどうれしいことはありません。

最後までお読みいただき、ありがとうございました。

※本書は投資をする上で参考となる情報の提供を目的に作成しており、本文中の記述は著者の経験や調査結果に基づくものですが、確実なリターンを保証するものではありません。本書を参考にした投資結果について、著者および本書の発行元は一切の責任を負いません。

著者略歴

ゆうパパ

24歳で3,000万円の投資詐欺にあい猛勉強したことがきっかけで投資を本格的にスタート。その後、投資家として活動。米国株の配当投資で30代でFIREを実現。2021年にはヨーロッパへ移住。投資歴は13年、60か国の海外渡航歴など、世界を舞台に『時間とお金に縛られないFIREライフスタイル』を実現。しかし、TOEICは250点しかなく英語が弱点。現在は米国株で豊かなライフスタイルを送る仲間を増やしていくため、次世代の金融教育にも力を注いでいる。SNSフォロワー総数約８万人のインフルエンサー。Twitter、Clubhouse、Voicy などのメディアで『ゆうパパ』として活躍中。

ほったらかし投資FIRE

手間なく7年で早期リタイアする「米国株」高配当再投資法

2023年２月７日　初版第1刷発行

著　　者　ゆうパパ
発 行 者　小川 淳
発 行 所　SBクリエイティブ株式会社
〒106-0032　東京都港区六本木2-4-5
電話：03-5549-1201（営業部）
装　　丁　小口翔平＋後藤司（tobufune）
カバーイラスト　どいせな
本文デザイン　高橋明香（おかっぱ製作所）
校　　正　ペーパーハウス
DTP　株式会社RUHIA
編集協力　堀 容優子
編集担当　水早 將
印刷･製本　中央精版印刷株式会社

本書をお読みになったご意見・ご感想を
下記URL、またはQRコードよりお寄せください。

https://isbn2.sbcr.jp/18162/

ISBN978-4-8156-1816-2